Democracia, cidadania e sociedade civil

SÉRIE TEMAS SOCIAIS CONTEMPORÂNEOS

Cesar Beras

Democracia, cidadania e sociedade civil

Rua Clara Vendramin, 58 . Mossunguê
CEP 81200-170 . Curitiba . PR . Brasil
Fone: (41) 2106-4170
www.intersaberes.com
editora@editoraintersaberes.com.br

EDITORA
intersaberes

Conselho editorial
Dr. Ivo José Both (presidente)
Drª. Elena Godoy
Dr. Nelson Luís Dias
Dr. Neri dos Santos
Dr. Ulf Gregor Baranow

Editora-chefe
Lindsay Azambuja

Supervisora editorial
Ariadne Nunes Wenger

Analista editorial
Ariel Martins

Projeto gráfico
Raphael Bernadelli

Capa
Igor Bleggi (*design*)
Raphael Bernadelli
(fotografia da capa)

1ª edição, 2013.

Foi feito o depósito legal.

Informamos que é de inteira responsabilidade do autor a emissão de conceitos.

Nenhuma parte desta publicação poderá ser reproduzida por qualquer meio ou forma sem a prévia autorização da Editora InterSaberes.

A violação dos direitos autorais é crime estabelecido na Lei nº 9.610/1998 e punido pelo art. 184 do Código Penal.

Dados Internacionais de Catalogação na Publicação (CIP)
(Câmara Brasileira do Livro, SP, Brasil)

Beras, Cesar
 Democracia, cidadania e sociedade civil/Cesar Beras.
Curitiba: InterSaberes, 2013. (Série Temas Sociais
Contemporâneos).

 Bibliografia.
 ISBN 978-85-8212-757-5

 1. Cidadania 2. Democracia 3. Sociedade civil I. Título.
II. Série.

12-13340   CDD-321.8

Índices para catálogo sistemático:
 1. Sociedade civil, democracia e cidadani: Sociologia 321.8

Sumário

Apresentação, IX

(1) A democracia nos diferentes períodos históricos: desenvolvimento de diferentes concepções normativas, 13

    1.1   A democracia e suas diferentes formas históricas, 16

    1.2   A democracia participativa, 22

    1.3   A democracia deliberativa e o espaço público, 24

    1.4   A democracia e seus modelos normativos: contribuições para análise contemporânea, 26

(2) A cidadania nos diferentes períodos históricos: o desenvolvimento da afirmação dos direitos básicos, 33

    2.1 O conceito de cidadania, 36
    2.2 A cidadania na Antiguidade, 37
    2.3 A cidadania na modernidade, 40
    2.4 As reflexões teóricas sobre cidadania, 44

(3) A sociedade civil nos diferentes períodos históricos: a diferenciação entre Estado e sociedade, 51

    3.1 Conceituando *sociedade civil*, 54
    3.2 As três diferentes famílias de argumentos sobre sociedade civil, 56
    3.3 A sociedade civil e a autonomia, 60

(4) A gênese de uma democracia sem sociedade civil, 65

    4.1 Os antecedentes históricos da cidadania no Brasil: uma gênese não democrática, 68
    4.2 As consequências da gênese histórica no desenvolvimento da democracia brasileira, 72
    4.3 Os desafios colocados pela gênese histórica para o desenvolvimento da democracia brasileira, 75

(5) O processo de construção da democracia e da cidadania no Brasil: os quatro períodos históricos, 81

    5.1 O início da cidadania brasileira: 1º período (1822 a 1930), 84
    5.2 Os primeiros períodos democráticos e as ditaduras: 2º período (1930-1964), 87
    5.3 Da ditadura militar à reabertura democrática: 3º período (1964-1985), 90
    5.4 A cidadania e o terceiro momento democrático do país: 4º período (1985 até os dias atuais – 2008), 94

(6) O processo de reforma
do Estado na década de 1990, 99

    6.1   Breve panorama geral, 102

    6.2   Antecedentes da reforma: o processo de transição, 104

    6.3   As motivações da reforma e os seus dilemas, 108

(7) A democracia participativa, as formas de *accountability* e os movimentos sociais no país, 115

    7.1   O surgimento dos novos movimentos sociais, 118

    7.2   Os novos movimentos sociais e a discussão conceitual, 122

    7.3   As condicionantes da participação popular no Brasil, 127

(8) A historicidade e a importância da participação popular no Brasil, 131

    8.1   A organização da sociedade e o advento da participação popular por meio dos orçamentos participativos (OPs), 134

    8.2   Conceituação e formatação geral dos processos de orçamento participativo, 138

    8.3   O contexto histórico específico e o diálogo das experiências participativas com o patrimonialismo político e cultural do país, 140

(9) O funcionamento da experiência do Orçamento Participativo de Porto Alegre (OPPA), 149

    9.1   Primeiro mandato (1989-1992): o início de um novo processo de institucionalização nas relações entre comunidade e prefeitura, 152

    9.2   Segundo mandato (1993-1996): consolidando a participação popular na cogestão municipal, 156

    9.3   Terceiro mandato (1997-2000): consolidando a normatização, 159

    9.4   Quarto mandato (2001-2004): de volta à preocupação da institucionalização, 163

9.5 Um breve panorama sobre os dilemas do Orçamento Participativo de Porto Alegre (Oppa): lições para as novas experiências, 166

(10) **Os dilemas das experiências de participação popular, 171**

10.1 A democracia brasileira: no início, um mal-entendido, 174

10.2 Elementos teóricos constitutivos das relações sociais de dominação, 177

10.3 Os dilemas para as experiências de participação, 182

Referências, 189

Gabarito, 193

Apresentação

O presente livro, *Democracia, cidadania e sociedade civil*, tem como objetivo principal o estudo da história e do desenvolvimento de noções básicas para a afirmação da humanidade – da Antiguidade ao mundo contemporâneo. O intuito desta obra é proporcionar ao aluno uma visão geral e, ao mesmo tempo, com densidade teórica e empírica sobre esses fenômenos históricos, abordando sua origem e suas implicações para as nossas vidas.

As relações sociais ocidentais do século XXI são eminentemente democráticas: vivemos em um Estado de direito com um conjunto significativo de liberdades. No processo de constituição dessa democracia – da antiga a atual – houve a afirmação de direitos – civis, políticos e sociais – que expressam e impulsionam as noções de democracia.

Tais processos históricos não aconteceram de forma linear, mas com base em um conjunto de conflitos sociais, de contextos e textos produzidos pela sociedade civil – entendida como o conjunto de atores privados que conformam, de determinada maneira, a ação do Estado. Entender o significado histórico e atual de todos esses eventos é o que motiva o presente livro, fruto de meus estudos e minhas reflexões realizadas durante a elaboração do meu processo de mestrado e doutorado.

A obra se ESTRUTURA sobre três preocupações básicas. A PRIMEIRA relaciona-se ao posicionamento teórico e histórico geral de cada um dos três conceitos: democracia, cidadania e sociedade civil, abordando suas principais características, suas concepções e seus modelos dentro do desenvolvimento da história que está contida nos três primeiros capítulos.

A SEGUNDA, apresentada nos capítulos 4, 5 e 6, focaliza a discussão desses conceitos no cenário brasileiro, apresentando o desenvolvimento da democracia, da cidadania e da sociedade civil no *continuum* do processo de formação histórica social de nosso país, além de destacar o surgimento da democracia, os períodos da cidadania e o processo de reforma do Estado ensejado na década de 1990, o que trouxe importantes inflexões para o singular desenvolvimento desses conceitos em nossa realidade.

A TERCEIRA, e última preocupação, abordada nos capítulos 7, 8, 9 e 10, discute o processo de *accountability*, surgido no país a partir da ação dos movimentos sociais e da afirmação de modelos de democracia participativa. Buscquei realizar três movimentos: verificar a gênese e as condicionantes para a participação popular, a partir de 1970; apresentar e analisar em profundidade as experiências de orçamento participativo (OP) – modelo efetivo de participação popular, com base na democracia participativa, surgido no final da década de 1980, dando ênfase à experiência de Porto Alegre/RS, cujo processo já dura aproximadamente 25 anos; por último, procura-se refletir a respeito dos possíveis dilemas colocados nas experiências de participação popular, mediante forma como se desenvolveu a democracia, a cidadania e a sociedade civil em nosso país.

Espero, dessa forma, proporcionar a você um material de qualidade, com sugestões de leitura e exercícios que colaborem para sua reflexão sobre um tema que é fundamental e permanente para quem acredita na liberdade entre os seres humanos: A AFIRMAÇÃO CONSTANTE E RADICAL DA DEMOCRACIA, DA CIDADANIA E DA SOCIEDADE CIVIL.

Boa leitura!

(1)

A democracia nos diferentes períodos históricos: desenvolvimento de diferentes concepções normativas

Cesar Beras é licenciado em Ciências Sociais pela Universidade Federal do Rio Grande do Sul (UFRGS), mestre e doutor em Sociologia pela mesma universidade. Tem experiência na área de sociologia, com ênfase em sociologia política, e atua principalmente nos seguintes temas: orçamento participativo, políticas públicas, planejamento estratégico situacional e movimentos sociais.

O objetivo deste capítulo é introduzir o aluno nos aspectos conceituais e históricos da democracia. Para isso, percorreremos um breve itinerário sobre o assunto – passando pela Antiguidade, modernidade e contemporaneidade –, organizado em quatro partes: na PRIMEIRA, focaremos o significado conceitual, as principais características da democracia e suas diferentes formas históricas; na SEGUNDA será apresentada a noção de democracia participativa, seu conceito e seus principais aspectos; na TERCEIRA será abordado o conceito de democracia deliberativa e suas principais características; por fim, na QUARTA E ÚLTIMA PARTE, apresentaremos os modelos normativos de democracia e sua visão a respeito do Estado, da sociedade, da ação política e do cidadão.

(1.1)
A democracia e suas diferentes formas históricas

A presente seção apresenta a compreensão do próprio conceito de democracia. Dizer que a democracia é um conceito histórico e em aberto não significa afirmar que esta não tem conteúdo, mas, sim, que foi e é atravessada por diversos conteúdos. Melhor do que falarmos em *democracia* é falarmos em *democracias*, dadas as diversas formas históricas que tal conceito tem assumido, suas diferenças de ênfase e as perspectivas que tem ensejado, quer de integração ou de construção de uma alternativa ao sistema social vigente.

Isso implica em reconhecermos a democracia como um processo interdependente que, ao longo da história, foi definindo seus aspectos centrais. Tais definições não se constituíram de forma linear e tranquila: são frutos de tensões e conflitos. Entendê-los é um passo necessário para uma análise configuracional do desenvolvimento dos processos democráticos.

O conceito clássico de democracia já permite compreender de forma nítida a problemática do GOVERNO DO POVO. O conceito, em si, é figuracional, pois não define, *a priori*, que povo e, logo, nem que forma/método de governo. Define a regra – o povo governa –, mas deixa em aberto as formas específicas que, ao longo da história, foram diversas e dependentes das tensões locais (lutas), fruto de diferentes interdependências funcionais, do conjunto de necessidades que os diferentes participantes buscavam e representavam uns para os outros.

A história da evolução do conceito de democracia segue respondendo, de uma ou outra maneira (em um caminho errático), a um conjunto de dilemas que já podem ser vislumbrados com base nos elementos gerais anteriormente colocados. Verificaremos, de forma breve e geral, e com base na história da democracia, os principais dilemas que ocorreram, que podem ser traduzidos na fala do nobre persa Otanes, em um debate em que se defendia a democracia (na época *isonomia*, que significa "igualdade") contra as formas de governo monárquicas e tirânicas. Segundo Otanes, citado por Bobbio (1980, p. 40):

> *Minha opinião é que nenhum de nós deve ser feito monarca, o que seria penoso e injusto. Vimos até que ponto chegou a prepotência de Cambises, e sofremos depois a dos magos. De que forma poderia não ser irregular o governo monárquico, se o monarca pode fazer o que quiser, não é responsável perante nenhuma instância? Conferindo tal poder a monarquia afasta do caminho normal até o melhor dos homens. A posse de grandes riquezas gera nele a prepotência e a inveja, é desde o princípio parte de sua natureza. [...] O monarca subverte a autoridade dos pais, viola mulheres, mata o cidadãos ao sabor dos seus caprichos.*

Nesse sentido, o persa propunha, referido por Bobbio (1980, p. 40-41):

> *O governo do povo, porém, merece o melhor dos nomes, isonomia; não faz nada do que caracteriza o comportamento dos monarcas. Os cargos públicos são distribuídos pela sorte, os magistrados precisam prestar conta do exercício do poder; todas as decisões estão sujeitas ao voto popular. Proponho, portanto, rejeitar a monarquia, levando o povo ao poder: o grande número faz com que tudo seja possível.*

Assim, os primeiros elementos da democracia possuem como exemplo histórico Atenas. A tensão permanente colocada era se "o governo é uma habilidade de peritos, como a medicina e a navegação, ou um assunto em que todos sejam igualmente componentes"? (Saes, 1987, p. 41).

Na discussão moderna, há dois argumentos famosos que buscam responder ao dilema grego/clássico: O MORAL e O CÉTICO. Do PONTO DE VISTA MORAL, o homem tem o direito de governar a si próprio, pelo princípio da liberdade do indivíduo. Já do PONTO DE VISTA CÉTICO, os homens devem ser governados por seus desejos, visto que não sabem o que é correto.

Essa divisão argumentativa deu ênfase à construção da democracia moderna. Podemos verificar isso no desenvolvimento do conceito de democracia dos debates anglo-americanos, alicerçado em vários fatos históricos, que buscamos identificar no Quadro 1.1:

Quadro 1.1 – *Fatos históricos que contribuíram para a afirmação da democracia liberal-moderna*[a]

FATO	CONTRIBUIÇÃO PARA DEMOCRACIA
Discussão sobre democracia dentro das seitas puritanas.	• Crença na separação entre Igreja e Estado. • Sacerdócio de todos os crentes (cada um seguia sua vocação).
Revolução Gloriosa (Inglatera) de 1688.	• Jusnaturalismo de Locke. O povo empenha sua obrigação para com o governo e, em troca, o governo se incumbe de proteger os direitos do povo.

(continua)

---

a. O Quadro 1.1, adaptado de Beras (2003), foi elaborado com base em pesquisa sobre vários autores: Bobbio, (1980; 1990); Bobbio et al. (1995); Chaui (1989); Pinsky e Pinsky (2003); Saes (1987) e Ribeiro (2001).

(Quadro 1.1 – conclusão)

Fato	Contribuição para democracia
Revolução Americana de 1776	• Noção de representação. • Sistema de freios e contrapesos democráticos. Todo governo é um mal, mas pode ser um mal justificado; para isso, o governo teria de concordar com a opinião da maioria.
Utilitarismo econômico	• Teoria da democracia utilitária.
Governo da seleção/ extensão do sufrágio na Europa	• Afirmação do governo da maioria.
Temores da democracia	• Possibilidade de tirania da maioria. • Temor *a priori* (democracia como causa de padrões culturais baixos). • Temor racional de que a democracia se transforme em uma ditadura (Tocqueville).
Laissez-Faire (monopólios)	• Articulação entre economia e democracia.

Fonte: Beras, 2003.

No Quadro 1.1, apresentamos, de forma sintetizada, sete fenômenos históricos que colaboraram diretamente, cada qual a sua maneira, para o surgimento e a consolidação da democracia moderna, os quais estão descritos mais detalhadamente a seguir:

1. O fato de as seitas puritanas (protestantes, calvinistas) problematizarem a questão da democracia com base na busca da separação do Estado da Igreja e na afirmação de uma ética protestante. O governo começa a ser uma expressão do consentimento humano e não só uma expressão da vontade de Deus.

2. A Revolução Gloriosa, que consolidou o jusnaturalismo, supondo um contrato social, realizado pelo Estado, entre os cidadãos. O Estado criado pelo povo e acima do povo para garantir o bem do povo.
3. A Revolução Americana e sua visão de democracia, consubstanciada na representação parlamentar e na divisão de poderes como forma de controle dos governos. O governo é a expressão da maioria e um mal necessário para coordenar as relações sociais.
4. O utilitarismo econômico que propõe a realização da economia, entendida como bem-estar para todos, como algo útil para a sociedade. A democracia deveria ter uma ética normativa que promovesse a felicidade.
5. Com o aumento da extensão do sufrágio universal na Europa, as eleições ficam mais legítimas e os governos começam a ser, de fato, eleitos por maiorias.
6. Os temores com a democracia, principalmente a partir da reflexão de Tocqueville sobre a democracia na América. A democracia poderia, a partir dos padrões culturais da população e do poder econômico, transformar-se em tiranias da maioria sobre uma minoria.
7. A teoria do *Laissez-Faire* (deixe fazer), base do liberalismo econômico, que potencializava as liberdades civis e a liberdade plena do mercado.

Retomando a discussão, é possível percebermos cinco grandes elementos afirmados por uma tradição democrática liberal, que conformariam, de início, uma noção geral de democracia moderna. Segundo Chaui (1989, p. 141), os cinco grandes elementos são: "a) igualdade; b) soberania popular; c) preenchimento das exigências constitucionais;

d) reconhecimento da maioria e dos direitos da minoria;
e) liberdade".

Essa afirmação se dá com base em cinco condições (Chaui, 1989, p. 141):

1. A legitimidade do poder é assegurada pelo fato de os dirigentes serem eleitos por meio de consultas populares periódicas, nas quais a ênfase recai sobre a vontade majoritária. As condições aqui situadas são duas: CIDADANIA e ELEIÇÃO.
2. A eleição pressupõe a competição entre posições diversas, sejam estas homens, grupos ou partidos. A condição aqui postulada é a existência de associações, cuja forma privilegiada é o partido.
3. A competição pressupõe a publicidade das opiniões e a liberdade de expressão. A condição aqui postulada é a existência da opinião pública como fator de criação da vontade geral.
4. A repetição da consulta popular em intervalos regulares visa proteger a minoria, garantindo sua participação em assembleias, onde se decidem as questões de interesse público. Ela também tem como intuito proteger a maioria contra o risco da perpetuação do poder. A condição aqui postulada é a existência de divisões sociais (maioria/minoria) e de parlamentos.
5. A potência política é limitada pelo judiciário, que não só garante a integridade do cidadão perante os governantes como ainda garante a integridade do sistema contra a tirania, submetendo o próprio poder à lei. As condições aqui postuladas são a existência do direito público e privado, a lei como defesa contra a tirania e, por conseguinte, a defesa da liberdade dos cidadãos.

(1.2)

A democracia participativa

Neste ponto, é possível seguirmos em nosso panorama histórico focando o surgimento, na sequência da democracia liberal, de uma concepção de democracia participativa. Ela surge em oposição ao modelo elitista de cunho schumpeteriano, que tinha como característica central: "o cidadão define-se como consumidor e o Estado como distribuidor, enquanto a democracia se confunde com um mecanismo de mercado cujo motor é a concorrência dos partidos segundo o modelo da concorrência empresarial" (Chaui, 1989, p. 142).

Conforme Avritzer (1999), tal modelo teórico surge fundado em três críticas principais: a PROBLEMATIZAÇÃO DO CONCEITO DE SOBERANIA POPULAR ALIADO AO AUMENTO DA COMPLEXIDADE DA AÇÃO ESTATAL; O PROBLEMA DA PARTICULARIZAÇÃO DOS INTERESSES ENVOLVIDOS e O PROBLEMA DO EFEITO DA SOCIEDADE DE MASSAS SOBRE AS INSTITUIÇÕES.

Para Schumpeter, citado por Avritzer (1999, p. 26), a solução para esses problemas é diminuir a soberania, reduzindo-a a escolha de elites governantes; assim, reduz--se quaisquer possibilidades de irracionalidade, uma vez que os governantes administrarão os interesses e controlarão o consumo. Ainda de acordo com Schumpeter, citado por Avritzer (1999, p. 26):

> *A democracia constitui um método político, isto é, um certo tipo de arranjo institucional para se alcançar decisões legislativas e administrativas. Desse modo, ela não é capaz de ser um fim em si mesma, independentemente do tipo de decisão que ela produzirá sob determinadas condições históricas.*

Nesse contexto, surge, nos anos de 1970, a concepção de democracia participativa, que tinha como centralidade a participação popular e se opunha às teorias democráticas contemporâneas com base na teoria de Schumpeter.

McPherson (1978), preocupado com a efetividade da democracia nas sociedades complexas, aponta dois modelos de democracia participativa. Um deles seria "um sistema piramidal com democracia direta na base e democracia por delegação em cada nível depois dessa base". Já o outro seria a combinação do primeiro modelo com o sistema de partidos em competição.

Ambos os modelos supunham uma democracia plena, que não tem como funcionar em uma situação pós-revolucionária. No primeiro modelo haveria o reaparecimento de uma subjacente divisão e oposição de classes, gerada por uma desigualdade social muito grande e pela apatia da população. No segundo, os partidos precisariam abrir mão de sua função de disfarçar os antagonismos de classe. Um conjunto de exigências muito complexas e que articulam a constituição da democracia participativa com mudanças estruturais.

A democracia participativa surge, para McPherson (1978), no momento em que o círculo vicioso, provocado pelos pressupostos necessários para sua afirmação, é rompido. O primeiro pressuposto seria a mudança da consciência do povo "ao ver-se e agir como executor e desfrutador da execução e desenvolvimento de sua capacidade" (McPherson, 1978).

Nesse sentido, são quatro as pré-condições da democracia participativa: "1ª) Mudança da consciência popular: de consumidor para executor de suas decisões – sentimento de comunidade; 2ª) grande diminuição da desigualdade econômica social; 3ª) estímulo à procedimentos associativos; 4ª) enfatização do ônus social do crescimento do capitalismo" (Chaui, 1989, p. 139-140).

De forma complementar, podemos verificar Pateman (1992), que aponta algumas características centrais da teoria da democracia participativa, extraída de análises das teorias de Rousseau, J. S. Mill e Cole. A primeira delas é referente a sua principal função: a EDUCATIVA, que ocorre no processo de desenvolvimento da participação e o qualifica: o cidadão aprende a ser democrático. A segunda característica é a NECESSIDADE DE UMA SOCIEDADE PARTICIPATIVA, ou a democratização dos sistemas políticos, de forma a oportunizar a participação em todas as áreas.

(1.3)
A democracia deliberativa e o espaço público

A questão da democracia deliberativa se insere dentro do contexto de discussão teórica da democracia participativa, iniciada com McPherson (1978) e Pateman (1992). Contudo, apresenta novos elementos.

Avritzer (2000) demonstra um conceito de democracia deliberativa (com base em Rawls e seu princípio de justiça e equidade, e Habermas, com seu conceito de ação comunicativa) que busca avançar a teorização sobre democracia participativa ou com base na participação popular.

Segundo Avritzer (2000), Cohen transformou o processo de discussão argumentativa de Habermas em um processo de DELIBERAÇÃO INSTITUCIONAL. O autor avança, colocando que tal democracia deve ser realizada nos fóruns ENTRE O ESTADO e a SOCIEDADE, e cita o exemplo do orçamento participativo (OP), o qual possui três características centrais:

1. sessão de espaço decisório por parte do Estado em favor de uma participação pública e ampla;
2. uma forma de tratamento da informação: reconhece o caráter incompleto das informações do Estado e que estas devem ser partilhadas e discutidas com a sociedade;
3. a inovação institucional depende da capacidade de partilhar e experimentar resultados: afirma-se como central a diversidade sociocultural dos atores e a necessária capacidade de variação metodológica para atender a tais diversidades.

Há, então, uma TRANSFORMAÇÃO QUALITATIVA NA CONCEPÇÃO DE ESPAÇO PÚBLICO: a inclusão do Estado no processo de diálogo, certamente por meio de fóruns mistos, tais como os do orçamento participativo (OP), por exemplo. É possível percebermos em Cohen, citado por Avritzer (1999, p. 40), algumas características dessa concepção:

- *Primeiro a necessidade de a participação se legitimar através da deliberação e assim consequentemente a necessidade de instituições conectoras entre a discussão e a decisão. Nesta concepção o sujeito político não se satisfaz somente com a influência informal tal como o proposto por Habermas.*
- *Em segundo, embora o consenso seja o elemento central, não se exclui regras de maioria para as deliberações, ou seja, a construção do consenso tem limites embora "a deliberação concluída com alguma forma de decisão de maioria deve ter como critérios uma ampla discussão pública, regras claras de decisão e a concordância por parte do conjunto dos atores de que é melhor decidir do que continuar discutindo".*

A esfera pública torna-se, então, um local "na periferia do sistema político e administrativo, no qual se conectam as redes informais de comunicação constituídas por manobras dos movimentos sociais e das associações civis" (Avritzer, 1999, p. 40).

(1.4)
A democracia e seus modelos normativos: contribuições para análise contemporânea

Nesta seção, apresentamos os modelos normativos de democracia sugeridos por Habermas (2002): O LIBERAL, O REPUBLICANO E O DE POLÍTICA DELIBERATIVA. Cada modelo permitirá uma maior nitidez dos elementos em disputa, oriundos das tensões que buscam afirmar princípios democráticos nas diferentes sociedades ocidentais, com base nas seguintes questões: Para que serve a democracia? Como deve ela funcionar?

Para isso, os Quadros 1.2, 1.3, 1.4 e 1.5 apresentam uma síntese desses três modelos, com base em quatro dimensões analíticas: O PAPEL DO ESTADO, O PAPEL DA SOCIEDADE, O PAPEL DA AÇÃO POLÍTICA E O PAPEL DO CIDADÃO.

Quadro 1.2 – *Características dos modelos normativos de democracia: papel do Estado*

FUNÇÕES	MODELO LIBERAL	MODELO REPUBLICANO	MODELO DA POLÍTICA DELIBERATIVA
Papel do Estado	Aparato da administração pública	Estimulador de uma comunidade ética	Estado de direito/ poder administrativamente aplicável

FONTE: BERAS, 2008.

Em relação ao Estado (*vide* Quadro 1.2), na perspectiva liberal há a possibilidade de um Estado regulador mínimo, que não interfira em demasia na sociedade, que se autorregula por si só. Na perspectiva republicana, verificamos um Estado autorregulado, pois é condicionado pela sociedade garantidora de um "processo inclusivo de formação da opinião e da vontade" (Habermas, 2002). Por fim, no modelo deliberativo, há um Estado de direito que afirma os direitos mínimos, informalmente ou não, a partir da sociedade.

Quadro 1.3 – *Características dos modelos normativos de democracia: papel da sociedade*

Funções	Modelo liberal	Modelo republicano	Modelo da política deliberativa
Papel da sociedade	Sociedade econômica	Base social autônoma (sociedade civil), que independe do Estado e do Mercado	Sociedade civil como fonte da opinião pública não institucionalizada (esfera pública)

Fonte: Beras, 2008.

Em relação à sociedade (Quadro 1.3), para o modelo liberal os fluxos do mercado devem estar livres, pois possibilitarão a boa vida, conforme a visão liberal. Constituem-se em um sistema de circulação de pessoas, estruturado em leis de mercado que afirmam as liberdades civis e legitimam o exercício do poder político. Há um *input* de votos e um *output* de poder. Na visão republicana, destaca-se a esfera autônoma (a sociedade civil) como fonte da liberdade e que constitui a sociedade como uma coletividade política autorregulada. Na visão deliberativa, percebemos a principalidade da sociedade civil como a formação de uma opinião não institucionalizada, ou seja, não colonizada pelo mundo da vida (Habermas, 2002).

Em relação à ação política (Quadro 1.4), são percebidas as principais contradições entre os três modelos: para os liberais, o nexo dessa ação está na congregação e imposição de interesses sociais para fins coletivos, uma "luta de posições pela disposição do poder administrativo" (Habermas, 2002). Para os republicanos, a questão central é a reflexão sobre um contexto ético de vida. A ação está constituída na afirmação do bem comum e da solidariedade e, por isso, opera a partir da interlocução pública para a realização do entendimento mútuo.

Quadro 1.4 – *Características dos modelos normativos de democracia: papel da ação política*

Funções	Modelo LIBERAL	Modelo REPUBLICANO	Modelo da POLÍTICA DELIBERATIVA
Papel da ação política	Arranjo de interesses	Autoentendimento ético	Procedimentos democráticos racionais e comunicativos

Fonte: Beras, 2008.

A visão do poder deliberativo, semelhante à visão republicana, afirma o espaço da construção da ação na sociedade como um conjunto de procedimentos realizados de forma participativa, calcado na ética do discurso, que constrói uma racionalidade comunicativa. Esta, por sua vez, influencia o poder administrativo na perspectiva de institucionalização das questões tematizadas na esfera pública.

Por último, na definição do papel do cidadão (Quadro 1.5) está a discussão clássica entre a afirmação de liberdades individuais ou positivas. Na tradição liberal, edificada sobre o princípio da liberdade para o mercado, os direitos são negativos: conformados minimamente pela lei e expressos em direitos civis inalienáveis e, ao mesmo tempo, subjetivos, defendendo o cidadão do Estado e dos outros indivíduos.

Quadro 1.5 – Características dos modelos normativos de democracia: papel do cidadão

Funções	Modelo liberal	Modelo republicano	Modelo da política deliberativa
Papel do cidadão	Possuidor de direitos individuais perante o Estado e os outros indivíduos – direitos negativos (subjetivos e por força de lei).	Possui direitos de cidadania, participação e comunicação – direitos positivos (participação em uma práxis comum).	Rede de formação da vontade política informal.

Fonte: Beras, 2008.

Na tradição republicana, ao contrário, há participação política ativa, com base em autoentendimento ético. A tradição deliberativa aceita o princípio, mas, na visão habermasiana, acrescenta a questão da informalidade, ou seja, NÃO HÁ CONTATO DIRETO COM OS APARELHOS ADMINISTRATIVOS DO ESTADO, que deve executar o que foi deliberado, assim como também a participação do cidadão não se rege pelas leis do mercado de simples afirmação de interesses privados.

As discussões acerca das finalidades e valores do liberalismo, do republicanismo e das formas de democracia participativa são diversas e profundas. Os modelos expressos nos Quadros 1.2, 1.3, 1.4 e 1.5, com base na ilustração teórica de Habermas (2002), têm o mérito de expor, de forma didática, a essência de cada concepção, as quais separamos em quatro categorias: O PAPEL CONFERIDO AO ESTADO, À SOCIEDADE, À AÇÃO POLÍTICA E AO CIDADÃO.

É nítido o pressuposto diferencial básico de cada concepção: o mercado como princípio autorregulador na visão liberal, o Estado regrado e fortemente controlado pela sociedade civil, na visão republicana, e a sociedade civil como esfera autônoma, diferente dos outros princípios, na visão da política deliberativa.

(.)

Ponto final

Verificamos, de forma sucinta, o itinerário conceitual e histórico do termo *democracia*, desde a Grécia, passando pela modernidade e chegando à época contemporânea. Identificamos os elementos clássicos do conceito de democracia do povo e para o povo, percorrendo os elementos que deram ênfase aos modelos democráticos liberais. Discorremos também sobre o surgimento da democracia participativa e deliberativa, buscando perceber sua contribuição efetiva, a partir da década de 1970, para o fortalecimento da sociedade civil, da cidadania e da própria democracia. Por último, focamos os modelos normativos de democracia liberal, republicana e deliberativa e suas diferentes inflexões.

Indicações culturais

DARNTON, R.; DUHAMEL, O. (Org.). *Democracia*. Rio de Janeiro: Record, 2001.

HABERMAS, J. *Direito e democracia*: entre facticidade e validade. 4. ed. Rio de Janeiro: Tempo Brasileiro, 1994. v. 2.

Atividades

1. Conforme visto na primeira seção, podemos identificar cinco grandes condições para o bom funcionamento da democracia moderna, com base na tradição democrática liberal. Assinale, a seguir, a opção que contenha, na íntegra, esses cinco princípios:
   a. (I) cidadania; (II) movimentos sociais; (III) opinião pública; (IV) divisões sociais (maiorias e minorias); (V) existência do direito privado.
   b. (I) voto; (II) ausência de partidos; (III) jornais e televisão; (IV) multiculturalismo; (V) existência do direito público.
   c. (I) cidadania e eleição; (II) partidos políticos; (III) opinião pública; (IV) divisões sociais (maiorias e minorias) e parlamento; (V) existência do direito público e privado.
   d. (I) autoritarismo; (II) políticos; (III) opinião pública; (IV) maioria étnica; (V) existência do direito civil.

2. Verificamos, na terceira seção, que o conceito de democracia deliberativa, embora advenha da tradição de democracia participativa, é diferente, pois há uma transformação qualitativa na noção de espaço público. Assinale a alternativa que identifica as principais diferenças que enfatizam tal transformação:
   a. (I) sessão de espaço decisório por parte do Estado em favor de uma forma ampliada e pública de participação; (II) reconhecimento do caráter incompleto das informações do Estado e que estas devem ser partilhadas e discutidas com a sociedade; (III) afirma-se como central a diversidade sociocultural dos atores e a necessária capacidade de variação metodológica para atender tais diversidades.

b. (I) sessão de espaço decisório por parte da sociedade em favor de uma forma de participação pública; (II) repasse de jornais informativos; (III) respeito ao movimento social organizado.

c. (I) divisão do espaço decisório pelo Poder Executivo, Poder Legislativo e comunidade; (II) mecanismos de informação digital a serviço da comunidade; (III) afirma-se como central a necessária capacidade de variação metodológica para atender a tais diversidades.

d. (I) sessão de espaço decisório por parte do Poder Legislativo em favor de uma forma ampliada de participação; (II) repasse de informações técnicas do Estado para o conhecimento da comunidade; (III) afirma-se como central a diversidade sociocultural dos atores.

(2)

A cidadania nos diferentes períodos históricos: o desenvolvimento da afirmação dos direitos básicos

Neste capítulo, apresentaremos o conceito de cidadania, seu comportamento histórico desde a Antiguidade, focando os hebreus, os romanos e os gregos, até a Idade Média, dando destaque às Revoluções Inglesa, Francesa e Americana.

Faremos também um breve panorama teórico da discussão sobre a cidadania, identificando os três principais enfoques: o de Marshall, o de Durkheim/Tocqueville e o de Marx/Grasmci, todos citados por Vieira (2001), culminando na visualização das principias correntes contemporâneas.

(2.1)
O conceito de cidadania

O termo *cidadania* advém do termo em latim *civitas*, que correspondia, nas sociedades antigas, à vida nas cidades. Essa noção remetia ao tipo de funcionamento das cidades-estado, no modelo romano e grego.

Na modernidade, a partir do século XVI, e em consequência da Revolução Francesa, a cidadania será utilizada como forma de IDENTIFICAÇÃO UNIVERSAL DE TODOS OS INDIVÍDUOS PERANTE O ESTADO, o que remetia à noção de Estado-nação, recém criado historicamente, e forma histórica hegemônica de organização territorial ocidental.

Em quaisquer dos diferentes períodos históricos, a centralidade do conceito pode ser verificada na afirmação dos direitos civis, políticos e sociais.

A noção clássica que influencia, até hoje, a discussão sobre o tema advém de Marshall (1967), que afirmava que "a cidadania é aquele estatuto que se concede aos membros de pleno direito de uma comunidade. Os seus beneficiários são iguais no que respeita a direitos e obrigações".

A cidadania seria, então, a realização na sociedade por parte dos indivíduos do conjunto desses três tipos de direito, de forma integral. Desse modo, podemos verificar, conforme Pinsky e Pinsky (2003, p. 13), que:

> Ser cidadão é ter direito à vida, à liberdade, à propriedade, à igualdade perante a lei: é, em resumo, ter direitos civis. É também participar no destino da sociedade, votar, ser votado, ter direitos políticos. Os direitos civis e os políticos não asseguram a democracia sem os direitos sociais, aqueles que garantem a participação do indivíduo na riqueza coletiva:

o direito a educação, ao trabalho, ao salário justo, a saúde, a uma velhice tranqüila. Exercer a plena cidadania é ter direitos civis, políticos e sociais.

Visto de maneira sintética as principais características do conceito de cidadania, estudaremos, a seguir, a construção histórica desse conceito desde a Antiguidade até a modernidade.

(2.2)
A cidadania na Antiguidade

Na intenção de ilustrar a dinâmica configuracional do conceito de cidadania, apresentaremos referências históricas centrais. Assim, os primórdios do surgimento da ideia de cidadania, na Antiguidade, apontam para a dinâmica processual assinalada no Quadro 2.1.

Quadro 2.1 – *Contexto histórico e significado do termo* cidadania *na Antiguidade*

Ambiente	Contexto sócio-histórico	Significado do termo
Hebreus	Profetas lutavam contra os opressores.	Respeito ao direito dos oprimidos.
Grécia	Sociedade em transição – do sistema vigente aristocrático, de castas religiosas, de privilégios para um sistema de igualdade formal.	É cidadão todo homem livre (com exceção de escravos, mulheres, estrangeiros, comerciantes e artesãos), que tem direito de opinar sobre o rumo da sociedade.

(continua)

(Quadro 2.1 – conclusão)

Ambiente	Contexto sócio-histórico	Significado do termo
Roma	Lutas internas entre patrícios e plebeus. Mudança de uma república para um império (com ampliação progressiva da cidadania para todos os cidadãos).	É a capacidade dos homens livres (somente os patrícios, excluindo-se os plebeus e os escravos) de exercer direitos políticos e civis.

A monarquia, quando foi instituída entre os hebreus, causou, de certa forma, saudade das formas anteriores de organização tribal, a partir de alguns profetas, como Isaías e Amós. Também, paradoxalmente, foi criado um modelo de sociedade justa, de forma diferenciada dos modelos do passado, conforme indicam Pinsky e Pinsky (2003, p. 32) "Amós [...] teve a coragem de dizer quais os caminhos que a sociedade deveria tomar para superar a injustiça e criar uma sociedade com direitos individuais e sociais".

Verifica-se, primeiro, o tipo de conflito político gerado entre tradição e inovação e, por outro lado, o surgimento dos rudimentos cognitivos da moderna democracia.

Na Grécia, sinônimo, até hoje, das possibilidades de uma democracia direta, o traço diferencial foi o surgimento de uma organização social peculiar: a cidade-Estado[a]. Conforme Guarinello (2003, p. 32):

> *De modo geral, podemos dizer que as cidades-Estado formavam associações de proprietários privados da terra. Só tinha acesso a terra, no entanto, quem fosse membro da comunidade.*

---

a. Para saber mais sobre as cidades-Estado, o leitor pode verificar em Guarinello (2003, p. 32-33). As cidades da época eram territórios agrícolas bem diferenciados de como os conhecemos hoje.

As cidades-Estado foram o resultado do fechamento gradual e ao longo de vários séculos, de territórios agrícolas específicos, cujos habitantes se estruturaram, progressivamente como comunidades, excluindo os estrangeiros e defendendo coletivamente suas planícies cultivadas da agressão externa.

Há aqui três aspectos centrais: o DESENVOLVIMENTO SOCIOECONÔMICO, que transformou gradualmente as relações sociais, condensando-as em comunidade; o SURGIMENTO DE INSTITUIÇÕES DE PARTICIPAÇÃO e o CONTATO DIRETO ENTRE ESTADO E COMUNIDADE.

É importante lembrar que Israel e Judá, no desenvolvimento da democracia grega, conviviam com vários conflitos, não somente externos (guerras, lutas de integração), mas também relativos à conformação da regras de exclusão e inclusão no espaço público. Eram três as principais fontes de conflito: o gênero, a idade e a posse da terra (Guarinello, 2003, p. 33-36).

A experiência romana, por sua vez, tornou-se o *continuum* histórico em relação às experiências de cidade-Estado mais complexas. No momento em que adquire a característica de um império que congrega e domina os outros sistemas existentes, o conflito primordial foi o da redistribuição de terras. Nesses conflitos, há uma universalização do processo de cidadania. Conforme indica Guarinello (2003, p. 43), "a cidadania deixou de representar a comunidade dos habitantes de um território circunscrito, para englobar os senhores de um império, fossem ricos ou pobres, habitassem em Roma, na Itália, ou nos territórios conquistados".

Tanto na Grécia quanto em Roma surgem os valores básicos da democracia: a igualdade (política e econômica) e a liberdade (não submissão ou sujeição à outra pessoa). São dois os pilares constitutivos das formas democráticas em geral (antiga e moderna, embora articulados em cada uma delas de forma bem diferenciada – na Antiguidade, a democracia como unidade e na modernidade, como exterioridade): a soberania popular e a igualdade política (Wolff, 2003, p. 34-36).

Após a decadência do Império Romano, advém a Idade Média e o feudalismo (caracterizado por uma sociedade estamental e altamente hierarquizada entre o clero, a nobreza e os servos). Nesse período, não há formas nítidas e consolidadas de cidadania por causa do feudalismo e da relação extremamente hierarquizada entre servo e senhor feudal, que era de dependência pessoal de obrigações mútuas.

(2.3)
A cidadania na modernidade

A evolução das ideias políticas sobre a cidadania responde de diferentes formas ao problema, especialmente em sua fase moderna, a partir das Revoluções Francesa, Americana e Inglesa.

De forma geral, a modernidade pode ser caracterizada como a substituição do trinômio particularismo--organicismo-heteronomia (fundados em uma sociedade hierarquizada e sagrada) pelo novo trinômio universalidade-individualismo-autonomia (que se fundam nas possibilidades de uma sociedade mais fluida e criativa).

Muda-se, então, conforme vimos acima, o projeto civilizatório, reformulando-se os princípios constitutivos da sociedade (mercado, Estado e comunidade) e, logo, reformata-se a cidadania como fonte de direitos. Isso aconteceu a partir dos adventos históricos que podemos identificar no Quadro 2.2.

Quadro 2.2 – *Contexto histórico e significado do termo* cidadania *na modernidade*

Contexto sócio-histórico	Significado do termo
• Centralização do poder pelo rei (declínio da autoridade religiosa), que levou à desconstituição do mundo medieval. • Surgimento dos Estados-nação e do Estado moderno.	Capacidade para participar no exercício do poder político mediante o processo eleitoral e o engajamento na sociedade civil.

Na Inglaterra, afirmam-se os direitos civis, em um contexto conformado pelas seguintes ações: soberania parlamentar, monarquia limitada, política externa imperialista – "um mundo seguro para os homens de negócio" (Mondaini, 2003, p. 127). Surgem as bases do liberalismo moderno. Segundo Mondaini (2003, p. 129), "a afirmação de uma nova concepção, que não apenas indicasse o indivíduo como o início de tudo, mas que também pusesse no indivíduo a prevalência das relações pós-contratuais, protegendo-o das próprias ações despóticas do Estado".

A Revolução Inglesa e seu desenvolvimento histórico trazem ideias que conformam e influenciam os sistemas democráticos até hoje. A noção de contrato social, com base nas ideias de Thomas Hobbes, autor de *O Leviatã*, e John Locke, autor de *Segundo tratado sobre o governo*, importantes pensadores dessa época, é um poderoso exemplo disso.

Em Hobbes, verificamos o processo de substituição do Estado de natureza (aquele estado original em que os indivíduos se encontram, sem a mediação de instituições públicas) pelo Estado moderno a partir da realização, entre os indivíduos, de um contrato social balizado e avalizado como ente acima de todos e para todos.

Em Locke, contrariamente, destaca-se a concepção de poder do Estado como "limitado, divisível e resistível" (Mondaini, 2003, p. 128), ou seja, o cerne das visões liberais modernas em que o Estado tem o papel de fazer as leis que afirmem e defendam a propriedade privada dos indivíduos.

O advento da Revolução Americana, em 1776, consagra transformações cruciais, como o conceito de autonomia com ênfase na liberdade. Esse processo contou com um desenvolvimento anterior, de aproximadamente 100 anos, e teve duas características centrais: a grande ausência da Inglaterra, que, involuntariamente, deixou a colônia mais livre para se autodeterminar, e o conflito entre os próprios colonos e com os índios pela ampliação da posse de terra.[b]

Esses elementos foram os dinamizadores que culminaram na independência dos Estados Unidos. Quando o comportamento da Inglaterra mudou, iniciou-se o choque com as colônias, que já tinham uma certa cultura provocada pelas disputas por democracia. Isso resultou no processo de independência e culminou com a sua declaração, que, inspirada nos colonos puritanos[c], fundou-se na afirmação dos direitos básicos da liberdade. Entretanto, a exemplo da democracia ateniense, esse regime democrático que se iniciava era limitado: mulheres e homens brancos pobres não votavam permanecia um regime de produção com base no escravagismo (Karnal, 2003).

Por fim, a Revolução Francesa de 1789 apresenta suas ideias seminais de liberdade, igualdade e fraternidade. É o período do Iluminismo, da consolidação do pensamento

---

b. Para aprofundar-se no assunto, o leitor pode consultar Karnal (2003, p. 136-139).

c. Era necessário um mito fundador para expressar desejos de liberdade, que diversos outros atores do processo de colonização não representavam (Karnal, 2003).

científico e racional, da afirmação do direito natural, um momento agudo de um conjunto de profundas transformações, precedentes do período histórico iniciado em meados do século XV, com o advento da Revolução Comercial.

A partir daí, inicia-se um lento e gradual processo de desintegração do mundo feudal. O advento francês acelera esse processo e universaliza os direitos do homem e do cidadão como direitos civis assegurados, indiferente da cor, credo e nacionalidade (Odalia, 2003).

Os conflitos subjacentes e dinamizadores do processo se constituem na desordem pública generalizada: MATANÇA, FOME E MISÉRIA. Dada a profunda resistência do rei às inovações, iniciam-se rebeliões populares, como a Queda da Bastilha, que materializa disputas pelo poder político e culmina em uma assembleia constituinte. Em paralelo, surge a Declaração dos Direitos do Homem, conforme indica Odalia (2003): "Os homens nascem e permanecem livres e iguais em direitos [...] tais direitos são naturais e imprescindíveis e cabe a toda e qualquer associação política sua defesa e conservação".

Surge uma nação soberana, com um cidadão livre e igual perante os outros e com direitos naturais inalienáveis[d]. Cabe ressaltar a contribuição fundamental nesse processo das ideias iluministas, como uma condição *sine qua non* (imprescindível) da democracia moderna.

É nesse momento que se afirma a necessidade fundamental da convivência coletiva fundada na liberdade humana de "iguais em dignidade e direito" (Baczko, 2001, p. 34-35) que busca a felicidade e a razão.

Logo, na tensão entre o bem comum e a razão ou

---

d. A liberdade é "o direito de fazer tudo que não prejudique os outros" – *Declaração dos Direitos do Homem*, em Odalia (2003).

entre valores universais e a pluralidade e a diversidade da humanidade, temos que: "Jamais concluída, a democracia é um sistema político submetido ao inevitável e permanente confronto de suas realidades com seus valores de base" (Baczko, 2001, p. 36).

Verificamos as transformações ocorridas no conceito de cidadania durante o seu desenvolvimento histórico. Na próxima seção, conheceremos diferentes correntes teóricas que se formaram com base na reflexão sobre o tema.

(2.4)
As reflexões teóricas sobre cidadania

Na presente seção, apresentaremos brevemente as principais correntes teóricas a respeito do tema, assim como as principais inflexões do conceito na forma como são utilizadas atualmente.

Com base em Janoski, citado por Vieira (2001), é possível identificar três diferentes correntes teóricas sobre a abordagem do tema CIDADANIA: a teoria de Marshall (1794--1871), centrada na questão dos direitos da cidadania; a teoria de inspiração em Tocqueville (1805-1859) e Durkheim (1858-1917), com o foco central na cultura cívica; e a teoria com base em Marx (1818-1883) e Gramsci (1891-1937), estruturada mediante a noção de sociedade civil.

Marshall e a cidadania

As formulações teóricas de Marshall, consideradas como um estudo clássico, desde 1949 até hoje, pela sua capacidade de influência no debate, constituíram uma tipologia dos direitos da cidadania com base na realidade britânica, da forma como lá eles foram conquistados, desenvolvidos e afirmados na sociedade. Marshall, mediante uma análise da evolução dos direitos na Inglaterra, teceu um itinerário de afirmação dos direitos e dos correspondentes deveres.

O século XVII foi caracterizado pela conquista do conjunto das liberdades individuais – desde direito de ir e vir até a afirmação radical da preservação da vida, da propriedade e da igualdade entre outros. No século XIX, foram conquistados e afirmados os direitos políticos que conformavam o direito de votar e ser votado, de organização política e de expressão de opinião pública, entre outros. No século XX, foram afirmados os direitos sociais: acesso à educação, à habitação, à saúde etc.

Marshall vai caracterizar como mecanismos políticos que possam efetivar a cidadania na sociedade moderna os tribunais, os corpos representativos, os serviços sociais e as escolas.

Durkheim, Tocqueville e a cidadania

Nas teorias de inspiração em Durkheim e Tocqueville, a cidadania não se restringe a seu aspecto formal/legal, mas caracteriza-se pelo exercício de virtudes cívicas, centradas na sociedade por meio de uma esfera pública (espaço de diálogo e tematização dos problemas sociais) composta por grupos voluntários, autônomos, privados e sem fins lucrativos, como constitutivos da sociedade civil.

A preocupação central de Durkheim, no conjunto de sua obra – 1887 até 1915 – e nas obras póstumas, é a de como evitar os estados de não pertença pelos indivíduos da sociedade (situação de anomia, ou quando os indivíduos perdem suas referências morais no contexto social em que se encontram, ficando perdidos, sem ação e sem motivação) para, assim, evitar a desintegração do tecido social. Dessa forma, o estímulo às virtudes cívicas seriam um elemento agregador fundamental.

Em suas obras (entre 1833 e 1856), Tocqueville frisa, por sua vez, que, para a democracia ser possível, é necessário que a igualdade social aconteça simultaneamente à liberdade política. Isso parte da avaliação pessimista que ele assume sobre a democracia na américa, que pode levar a situações de anomia, nesse caso, apatia e conformismo político.

Assim, preocupado com o possível excesso de poder do Estado, Tocqueville sugere a defesa da autonomia dos cidadãos perante os poderes centralizadores. Nesse sentido, seria necessário o desenvolvimento de uma cultura cívico-política que permitisse a manifestação da cidadania em nível municipal e no conjunto das diversas associações existentes na sociedade.

Marx, Gramsci e a cidadania

Nas teorias de inspiração em Marx e Gramsci, é focada a reconstrução da sociedade civil, calcada na reconfiguração de três elementos diferenciados e articulados entre si: ESTADO, MERCADO E SOCIEDADE CIVIL.

A sociedade civil se constitui, nessa análise teórica, como um sistema de proteção contra os possíveis abusos do mercado e do Estado. É necessário frisar que Marx utiliza o conceito de sociedade civil por meio de uma compreensão da relação entre a economia, o mercado de bens de capital e o trabalho.

Marx estabelece dois níveis de organização da sociedade: o INFRAESTRUTURAL, eminentemente econômico, esfera da produção, que seria a sociedade civil; e o nível SUPERESTRUTURAL, esfera das leis, da ação estatal etc.

No século XX, Gramsci, por sua vez, partindo de Marx, vai rever esse conceito, rearticulando a divisão entre Estado, mercado e sociedade e considerando o nível superestrutural como o *lócus* da sociedade civil.

Podemos compreender o terceiro corpo teórico apresentado como uma visão que serve como forma de análise intermediária entre o modelo de Marshall e o de Durkheim e Tocqueville, pois não centra em demasia no Estado e na sociedade, mas busca uma análise equilibrada entre esse dois polos e o mercado, procurando aproximar-se mais da complexidade do funcionamento das sociedades contemporâneas.

O debate pós-Marshall: a discussão contemporânea

Apresentaremos, de forma sintética, algumas das principais vertentes de discussão sobre o tema da cidadania que buscam ampliar e/ou superar as noções marshalianas e trazer para o debate novos elementos para serem incorporados no conceito. Teríamos, assim, uma cidadania multidimensional, pois são superadas as visões com base central no Estado, ou estadocêntricas, e nas classes sociais.

Vem à tona a discussão sobre o reconhecimento cultural e sobre as políticas identitárias – etnicidade, sexualidade, ecologia etc. Temos o avanço da preocupação com o multiculturalismo e o cosmopolitismo, e o recrudescimento da dimensão socioeconômica.

Estamos em um contexto de especialização do conceito entre duas perspectivas diferenciadas: cidadania como regulação social e cidadania como emancipação. Nesse sentido, podemos, grosso modo, identificar, então, no Quadro 8, as seguintes leituras do atual debate teórico:

Quadro 2.3 – Síntese das principais abordagens contemporâneas

Forma conceitual	Autor(es)	Síntese
Teoria crítica do reconhecimento	Nancy Fraser	Houve mudanças no campo das reinvidicações populares após o colapso do socialismo real. Torna-se necessário aliar a perspectiva da redistribuição à perspectiva do reconhecimento (política cultural da diferença e política social da igualdade).
Cidadania multicultural	Boaventura de Souza Santos	A cidadania é a categoria central para a promoção da diferença e da diversidade cultural. Alia, também, reconhecimento e redistribuição.
Cidadania diferenciada	Iris Marion Young	A cidadania seria o reconhecimento de direitos especiais dos grupos sociais minoritários de forma heterogênea e plural. Crítica frontal ao universalismo da concepção liberal.
Cidadania responsável	Will Kymlicka e Wayne Norman	A cidadania incorpora os elementos de identidade e diferença, multiculturalismo e pluralismo cultural.
Democracia radical	Chantal Mouffe	A cidadania seria pensada com ênfase na perspectiva do conflito e das disputas sociais pelo poder político, mediante o reconhecimento da prática de amplos direitos sociais e da participação política, aliados com as novas demandas do pluralismo cultural.

Fonte: Elaborado com base em Bello, 2007.

(.)
Ponto final

Apresentamos, de forma sintética, as bases conceituais do termo *cidadania*, composto historicamente pela noção central de afirmação de direitos civis, sociais e políticos. Na sequência, acompanhamos o itinerário do termo desde a Antiguidade até a modernidade, identificando as principais transformações conceituais ocorridas. Por último, apresentamos as três principais correntes teóricas sobre o assunto e a discussão contemporânea tal como se apresenta.

Indicações culturais

PINSKY, J.; PINSKY, C. (Org.). *História da cidadania*. São Paulo: Contexto, 2003.

VIEIRA, L. *Os argonautas da cidadania*: a sociedade civil na globalização. Rio de Janeiro: Record, 2001.

Atividades

1. Como vimos nas seções 2.2 e 2.3, o conceito de cidadania se transformou entre a Antiguidade e a modernidade. Houve a mudança de um trinômio por outro novo trinômio. Identifique, a seguir, que novo trinômio é este:
   a. Particularismo, organicismo e heteronomia (fundados em uma sociedade hierarquizada e sagrada).
   b. Universalidade, individualismo e autonomia (que se fundam nas possibilidades de uma sociedade mais fluída e criativa).

c. Particularismo, individualismo e isonomia (que se funda em uma sociedade de iguais).
d. Organicismo, universalidade e autonomia (que se fundam nas possibilidades de uma sociedade mais fluida e criativa).

2. Por que, para Pinsky e Pinsky (2003), a cidadania necessariamente tem de ser integral?
   a. Porque os direitos civis (votar, ser votado) e os políticos (direito à vida, à liberdade, à igualdade) não afirmam a democracia sem os direitos sociais (educação, trabalho, salário justo), embora não exista cidadania plena.
   b. Porque os direitos civis afirmam a democracia, a qual representa, por si só, todos os outros direitos.
   c. Porque os direitos sociais (educação, trabalho, salário justo) afirmam os direitos civis (direito à vida, à liberdade, à igualdade) que, por sua vez, afirmam os direitos políticos (votar, ser votado), estabelecendo uma cidadania plena.
   d. Porque os direitos civis (direito à vida, à liberdade, à igualdade), e os políticos (votar, ser votado) não afirmam a democracia sem os direitos sociais (educação, trabalho, salário justo). Exercer a plena cidadania é ter direitos civis, políticos e sociais.

(3)

A sociedade civil nos diferentes
períodos históricos: a diferenciação
entre Estado e sociedade

Neste capítulo, será apresentado e discutido o conceito de sociedade civil, explorando suas diferentes versões e possibilidades no desenvolvimento dos processos históricos, além de identificar a sua importância como esfera constitutiva fundamental das relações entre sociedade e Estado. Nesse sentido, organizamos três seções.

Na primeira, focaremos o conceito de sociedade civil com base na reflexão de Bobio et al. (1995) e Bobbio (1990, 2000), buscando identificar as suas principais características.

Na segunda, descreveremos a discussão teórica ao longo da história, mediante a análise das três principais (não únicas) famílias de argumentos a respeito de significado e função da sociedade civil.

Na terceira e última seção, abordaremos os conceitos de autonomia como elementos constitutivos centrais da possibilidade de haver uma sociedade civil forte, no caso autônoma e independente, ou não.

(3.1)
Conceituando *sociedade civil*

O conceito de sociedade civil é objeto de grande discussão na teoria sobre a democracia. Verificaremos que há, no mínimo, três formas diferentes de entendê-lo (próxima seção). Não obstante, vamos, inicialmente, buscar conceituá-la, de forma ampla e geral, para podermos focar nitidamente nosso objeto de estudo.

A sociedade civil vai aparecer sempre como um lugar, um espaço. A questão é definir que espaço é esse. Nesse sentido, Bobbio et al. (1995) define a sociedade civil como "o lugar onde surgem e se desenvolvem os conflitos econômicos, sociais, ideológicos, religiosos, que as instituições estatais tem o dever de resolver ou através de mediação ou através de repressão".

O autor frisa a sociedade civil como o lugar onde acontecem e se desenvolvem os conflitos sociais entre os diferentes grupos privados e que devem vir a ser equacionados pelo Estado. Completando a conceituação, Bobbio (1990, p. 36) define quem é o sujeito por excelência da sociedade civil:

Sujeitos desses conflitos e, portanto, da sociedade civil, exatamente enquanto contraposta o Estado social são as classes sociais, ou mais amplamente, os grupos, os movimentos, as associações, as organizações que as representam ou se declaram seus representantes; ao lado das organizações de classe, os grupos de interesse, as associações de vários gêneros com fins sociais e, indiretamente, políticos, os movimentos de emancipação de grupos étnicos, de defesa dos direitos civis, de libertação da mulher, os movimentos de jovens, etc.

Temos, então, uma ampla gama de grupos que compõem a sociedade civil, todos com uma característica em comum: não pertencerem ou não representarem o Estado. Assim, verificamos que a divisão de Estado e sociedade civil demarca dois polos diferentes: um de governo e outro de conflitos que devem ser resolvidos pelo governo.

Há uma divisão dinâmica que remonta à separação entre público e privado, "a diferenciação entre aquilo que pertence ao grupo enquanto tal, à coletividade, e aquilo que pertence aos movimentos singulares" (Bobbio, 1990, p. 37). Tal dinâmica dá conta da luta por interesses e a afirmação harmônica e ou conflitante desses interesses (Lavalle, 1999, p. 123).

A sociedade civil, logo, surge como o terreno que dá base à ação do Estado (infraestrutura), sendo o lugar onde se constroem as posições da comunidade perante tal polo.

Consequentemente, verificamos que a sociedade civil é o espaço por excelência da opinião pública que legitima/deslegitima o Estado. De acordo com Bobbio et al. (1995): "Sem opinião pública – o que significa mais concretamente sem canais de transmissão da opinião pública que se torna 'pública' exatamente enquanto transmitida ao público – a esfera da sociedade civil está destinada a perder da própria função e finalmente, a desaparecer".

Verificamos, então, que existe uma separação entre Estado e sociedade civil, entendida como DISTÂNCIA, em que surgem as condições para um diálogo autônomo de influência recíproca de um polo sobre o outro. Entretanto, tal separação é uma construção histórica e tem sido compreendida e constituída de diferentes maneiras. Abordaremos esse itinerário teórico-histórico na próxima seção.

(3.2)
As três diferentes famílias de argumentos sobre sociedade civil

Segundo Lavalle (1999), é possível conformar três grandes famílias de argumentos sobre sociedade civil: a jusnaturalista (Hobbes, Locke, Rousseau), uma outra família com base na concepção de Hegel e uma terceira fundada no pensamento de Tocqueville.

A primeira iguala Estado e sociedade civil, admitindo, no primeiro, leis de observância universal, que nos retirariam do estado de natureza. Bobbio et al. (1995, p. 1206) salientam que, para essa tradição jusnaturalista, cujos autores são do século XVII e XVIII, O PODER COMUM SE DAVA POR MEIO DO ESTADO. Os autores (Bobbio et al., 1995 p. 1206) ilustram com Locke ao demonstrar que os cidadãos que se reúnem para discutir questões de interesse comum realizam uma dupla função, a de ser sociedade civil e Estado:

> aqueles que se reúnem num só corpo e adotam uma lei comum estabelecida e uma magistratura a qual apelar. Investida da autoridade de decidir as controvérsias que surgem entre eles,

se encontram uns com os outros na sociedade civil, mas os que não tem semelhante apelo comum estão sempre no estado de natureza.

Bobbio (1990, p. 19-50) salienta que, nesse período, o que chamávamos de *sociedade civil* era o que hoje chamamos de *Estado*. Temos aqui uma relação de igualdade entre os dois polos. A sociedade civil, ao se contrapor à sociedade natural, constituía-se em um espaço de regramento e convivência coletiva, ou seja, como nos demonstra Locke, citado anteriormente por Bobbio (1990), A SOCIEDADE CIVIL ERA O ESTADO.

A segunda família, com base em Hegel, concebe a sociedade civil como uma INSTÂNCIA PRÉVIA DO ESTADO. Aqui, percebemos uma preocupação teórica que dá origem ao processo de separação entre sociedade e Estado.

Hegel preconiza uma teoria inédita, diferenciando o mundo privado, o mundo institucional (sociedade civil) e o mundo da política nacional e internacional do Estado. Sua preocupação é tirar a sociedade civil do mundo da contingência e diferenciá-la do Estado. A sociedade civil seria um estado externo ou uma forma de universalização insuficiente (mundo institucional).

Chaui (1989) identifica nessa família o momento em que sociedade e poder se separam. Há uma passagem do indivíduo (família) para o singular (pessoa jurídica) e deste para a universalidade (Estado). Vejamos:

> *movimento interno de cisão da substancialidade natural (família) na pluralidade das singularidades plurais morais/jurídicas que constituem a sociedade civil como esfera de particularidade conflituosa (a esfera econômica das carências e dos interesses) que é negada enquanto particularidade pela universalidade objetiva do estado, pondo a razão e a verdade na história.* (Chaui, 1989, p. 279)

Percebemos, então, um triplo movimento na formulação hegeliana:

- a separação entre um Estado inferior (sociedade civil) e um superior (Estado);
- o fato de conferir uma dimensão ética ao Estado;
- um rompimento com o contratualismo jusnaturalista, pois tenta explicar o direito do Estado sobre os cidadãos (impostos, guerras), ou seja, a primazia do Estado.

Se na família jusnaturalista a relação era de igualdade entre Estado e sociedade civil, na família hegeliana ela é de anterioridade.

A terceira família tem Tocqueville como um dos seus representantes e SEPARA A SOCIEDADE CIVIL DO ESTADO, entendendo a primeira como um conjunto de associações que limitam a ação do segundo. Um pressuposto básico desse argumento é o de que a gênese do Estado e a organização da vida comunitária são processos paralelos.

Há uma tensão, presente em Tocqueville, entre a liberdade e o excesso de liberdade (despotismo, individualismo). Ele assenta sua concepção na visão de que a "sociedade de seu tempo estava irreversivelmente marcada pela igualdade de condições democráticas" (Cohn, 2000, p. 31).

Putnam, citado por Lavalle (1999, p. 126), avança nesse sentido afirmando que a virtude principal da sociedade civil "reside em sua capacidade de socializar os participantes sob 'normas de reciprocidade' e 'confiança' que são componentes essenciais do 'capital social' necessário para a cooperação efetiva".

Temos, aqui, uma concepção inovadora que estabelece uma relação de diferença entre Estado e sociedade civil, instituindo uma possibilidade de "se opor e participar mediante as associações civis" (Lavalle, 1999, p. 127).

O princípio central dessa família é o de haver condições de igualdade entre os dois elementos, manifestada pela participação limitadora ou por um "freio democrático" do Estado.

Aqui, percebemos uma característica central dessa e das outras famílias de argumentos analisadas: a existência de um VÍNCULO CONSTITUTIVO entre Estado e sociedade civil, que, como vimos, pode ser de anterioridade, igualdade ou diferença. A sociedade civil é um conceito "que cristaliza a mediação entre ambos" (Lavalle, 1999, p. 130).

Essa noção de vínculo constitutivo é fundamental para caracterizar a diferença com o modelo de nova sociedade civil, de Cohen e Arato (2000), inspirados em Habermas. Lavalle (1999), ao continuar sua abordagem histórica no decorrer do século XX, aponta para o surgimento de tal modelo, que se distancia das três abordagens citadas.

A característica central desse novo modelo é a de RELAÇÃO DICOTÔMICA COM O ESTADO. Trata-se de uma relação de oposição geral, na qual a sociedade civil é o polo positivo e o Estado, o polo negativo. É abandonada a premissa de vínculo constitutivo interno entre Estado e sociedade civil. Cabe salientar que essa teoria teve seu auge no declínio dos movimentos sociais surgidos em 1970.

Com base na leitura de Lavalle (1999), é possível caracterizar esse novo modelo de sociedade civil da seguinte forma:

- entendê-la como o espaço de representação do interesse geral;
- compreender que há uma relação de oposição externa entre Estado e sociedade civil. Não há relações com nexo interno em cada esfera. As interlocuções são decorrentes dos conflitos entre os dois polos;
- concebê-la em uma perspectiva normativa, em que a unidade do conceito se realiza. Ela se constitui, do ponto de

vista moral, como a "teia autônoma de organizações que definem seu corpo" (Lavalle, 1999, p. 132).

(3.3)
A sociedade civil e a autonomia

Após essa breve apresentação do itinerário teórico-histórico do conceito de sociedade civil, focaremos o conceito de autonomia, elemento constitutivo fundamental de uma sociedade civil forte.

Primeiramente, a noção de autonomia surge no pensamento liberal como expressão da ideia de liberdade. Mouffe (1996, p. 169) explicita a respeito dessa questão:

> Mas os limites deste pluralismo são determinados por aquilo que, em sua opinião, constitui o valor básico, que tem de prevalecer num Estado democrático e liberal: a autonomia pessoal ou a "autocriação". A tese central do livro é a de que a liberdade pessoal, quando é entendida de modo a implicar um pluralismo de valor e tendo a sua forma na autonomia pessoal, deve ser encorajada pela ação política.

Aqui, temos duas questões interessantes. De um lado, a autonomia como critério de ação do Estado democrático, ou uma forma de evitar o "dano" da coerção que este possa exercer e, inversamente, oferecer condições de livre escolha e ação. De outro, a noção que completa a primeira, de um sujeito centrado na história, e não de uma essência liberal radical, imanente do indivíduo.

Ora, nesse sentido, temos a dimensão ética da ação ou Estado e uma concepção de autonomia que "não é um atributo dos indivíduos independentemente de sua inserção na história, mas, sim, o produto de uma evolução que exige instituições e práticas específicas" (Mouffe, 1996, p. 140).

Fixamos, então, o fato de a AUTONOMIA SER UMA INVENÇÃO SOCIOPOLÍTICA inscrita na história e centrada na ideia de liberdade. Entretanto, ainda estamos em um nível de autonomia pessoal.

Chaui (1989) relata que a interrogação acerca da democracia é uma indagação acerca da natureza do poder e de seu exercício, questão que, na discussão moderna, acaba por não ser tematizada e subsume na discussão sobre as transformações do aparelho do Estado.

A questão do poder é central para a discussão da autonomia. Reis (2002, p. 16), ao problematizá-la, coloca uma perspectiva de "superação do poder como traço importante nas relações humanas e com a afirmação da autonomia de cada um".

A autonomia refere-se, então, ao conceito de identidade e surge, do ponto de vista pessoal, em duas acepções diferentes: uma POSTURA IMPULSIVA, calcada em personalidades fortes que "agem e pronto", e uma POSTURA REFLEXIVA, fundada no autocontrole e no comportamento racional (Reis, 2002).

A afirmação "eu sou plenamente autônomo quando sou ator de mim mesmo" (Reis, 2002, p. 292) expressa duas dimensões dessa noção de autonomia ligada à identidade. Primeiro, que a identidade possui fundamentos coletivos e é sempre condicionada socialmente, ou seja, a autonomia se traduz em uma ação coletiva permeada pela vida em sociedade, que confere valores mediante as trajetórias e as configurações socioeconômicas de seus atores.

Na sequência dessa discussão, surge a segunda dimensão, que dá conta da articulação entre AUTONOMIA INDIVIDUAL *versus* AUTONOMIA COLETIVA. Para Reis (2002), a primeira é condição *sine qua non* para a existência da segunda.

Nesse sentido, a busca pela autonomia é a promoção da igualdade, condição da autonomia individual e, consequentemente, coletiva, pois estabelece o princípio da justiça como parâmetro de construção da igualdade. Onde não houver tratamento de iguais, o sentimento surgido deve ser o de justiça (Reis, 2002).

Assim, retomamos Chaui (1989, p. 153) que, comentando Espinosa, afirma que "a democracia é livre porque é igualitária, pois o que a define é uma proporcionalidade máxima do poder, visto que nela o poder de cada um depende da potência do poder coletivo". Se já tínhamos que a autonomia era histórica, individual e fundada na ideia da liberdade, podemos acrescentar agora a ideia de igualdade e coletividade.

À guisa de finalização dessa seção, frisamos que a conceituação sobre a autonomia também pode variar de acordo com a concepção de sociedade civil, com ou sem vínculo constitutivo. Vejamos o seguinte conceito de Vieira (2001, p. 64):

> *a autonomia ou espaço público participativo revaloriza o primado da comunidade e da solidariedade, possibilitando a libertação da sociedade civil dos imperativos sistêmicos, isto é, dos controles burocráticos do estado e das imposições econômicas do mercado.*

Verifica-se uma nítida inspiração habermasiana, que separa a sociedade civil do Estado para que se evite a colonização desta por este, constituindo, dessa forma, uma esfera pública autônoma. Temos aqui um importante elemento na afirmação de uma sociedade democrática: A AUTONOMIA COMO CONDIÇÃO DE DIÁLOGO E CONSTRUÇÃO DE ARGUMENTOS, independente do Estado.

(.)
Ponto final

De forma sintética, identificamos os aspectos centrais do conceito de sociedade civil como o lugar do mundo privado, onde se desenvolvem os conflitos sociais, os quais o Estado deve mediar, ocupado por associações, partidos, movimentos etc.

Na sequência, identificamos as três famílias argumentativas: jusnaturalista (Locke, Hobbes e Rousseau), de Hegel e de Tocqueville.

Finalizando, apresentamos e problematizamos o conceito de autonomia e sua função intrínseca de fortalecimento da sociedade civil como uma esfera que dialoga com o Estado, mantendo a distância necessária para não se diluir e desaparecer no próprio Estado.

Indicações culturais

BOBBIO, N. *Estado, governo e sociedade*: para uma teoria geral da política. 3. ed. São Paulo: Paz e Terra, 1990.

_____. *O futuro da democracia*. São Paulo: Paz e Terra, 2000.

LAVALLE, A. G. Crítica ao modelo da nova sociedade civil. *Lua Nova*, São Paulo, n. 47, p. 121-135, 1999.

Atividades

1. Conforme o estudado na Seção 3.1, a sociedade civil tem como sujeitos:
   a. Poder Legislativo, Poder Executivo e associações.
   b. Movimentos, associações, grupos de interesse, entre outros.
   c. Partidos políticos, prefeitos, ONGs etc.
   d. Movimentos de emancipação, governo federal, grupos étnicos.

2. Estudamos, na segunda seção, as três famílias argumentativas sobre sociedade civil: a JUSNATURALISTA, a de HEGEL e a de TOCQUEVILLE. Assinale, a seguir, a alternativa que corresponde respectivamente às características específicas de cada família, no que diz respeito à sua relação com o ESTADO:
   a. Igualdade, anterioridade e diferença.
   b. Desigualdade, superioridade e diferença.
   c. Igualdade, independência e autonomia.
   d. Igualdade, anterioridade e superioridade.

(4)

A gênese de uma democracia
sem sociedade civil

Buscando iniciar a discussão sobre democracia e cidadania no Brasil, que será aprofundada no próximo capítulo, refletiremos sobre a problemática central subjacente ao modelo democrático brasileiro: a AUSÊNCIA INICIAL DE UMA SOCIEDADE CIVIL, ou seja, de uma organização autônoma e independente da sociedade perante o Estado.

Dessa forma, organizamos o presente capítulo em três seções. A PRIMEIRA tratará dos antecedentes históricos da democracia no Brasil, inscritos em seu típico e singular processo de formação histórico cultural. A SEGUNDA, explorará as consequências desse processo histórico no desenvolvimento e afirmação do processo democrático. Na ÚLTIMA SEÇÃO, serão ponderados os possíveis desafios colocados para o desenvolvimento do sistema democrático no Brasil.

(4.1)
Os antecedentes históricos da cidadania no Brasil: uma gênese não democrática

A singularidade de cada caso

Parte-se da compreensão de que a realização da democracia, como condição *sine qua non* da efetiva realização da liberdade e igualdade entre os seres humanos, é um desafio histórico colocado permanentemente em cada época.

Como vimos nos capítulos anteriores, das experiências da Antiguidade – as hebraicas, com pré-noção da participação política, passando pelas experiências romanas e a noção de vida pública e as gregas e suas famosas cidades-Estado – até a modernidade – com seus Estados-nação e suas concepções de cidadania e democracia – e chegando ao século XXI, a democracia está sempre pautada por novos cenários com diferentes virtudes e vicissitudes.

A modernidade instituiu a democracia, consolidada com as Revoluções Francesa, Industrial e Americana, como um hábito definitivo que ronda os diferentes sistemas políticos como se fosse o enigma da pirâmide: decifra-me ou devoro-te. Cada processo revolucionário apresentou circunstâncias históricas e formas de desenvolvimento das experiências democráticas de maneira singular: valores humano-universais, novos padrões de produção e novos formatos institucionais, só para citar pequenos exemplos.

Nesse contexto histórico, podemos perceber que não existe uma democracia pronta e acabada, mas um processo em fluxo permanente, que se configura diferenciadamente ao longo da história. Os últimos 25 anos do século XX viram nascer mais sistemas democráticos que quase todos os séculos precedentes, vimos transições em massa de sistemas ditatoriais (ditaduras) para sistemas democráticos (democracias). Cada sistema surgido leva a marca da cultura de seu país e de suas interdependências próprias.

No Brasil não foi e nem é diferente: temos um processo de construção democrática singular. Isso por dois grandes motivos: primeiro, porque nossa tradição político-cultural-patrimonialista obstruiu por séculos as possibilidades do surgimento de uma esfera pública, uma vez que a gênese de nosso sistema democrático não é liberal, mas um arranjo oligárquico; segundo, e por consequência do primeiro, por termos uma cidadania invertida (primeiro os direitos políticos, depois os sociais e por último os civis), uma cidadania que começou sem liberdade individual, ou seja, uma cidadania sem liberalismo.

A gênese

A tradição cívica do país, desde os tempos da colonização, é pouco encorajadora. Nos primórdios, havia uma população majoritariamente analfabeta em uma sociedade escravocrata, com economia de monocultura e latifundiária, e um Estado absolutista (Carvalho, 2002, p. 18).

Oliveira (2003, p. 447-449) salienta que a pedra de toque da formação social específica tem em sua gênese uma recusa do liberalismo que, mesmo com seus defensores, nunca foi hegemônico no país. Segundo o autor, tem-se, como causa desse fenômeno, os seguintes fatores: a antinomia entre a "base material de produção" – escravismo – e a "superestrutura das ideias liberais"; a construção de uma "antiética" do trabalho; o monopólio da educação pela igreja "antiliberal" e o surgimento de uma nova e poderosa classe social – os plantadores de café que se alinham politicamente com a autocracia imperial.

A síntese desses elementos é dada pela manutenção secular do escravismo no país, que solapa, de início e por muito tempo, as possibilidades de uma sociedade civil e de um ambiente apropriado para o fortalecimento de ideias liberais. Há, na gênese social brasileira, princípios nítidos de autoritarismo político e social.

No escravismo, estão os elementos nítidos da influência patriarcalista na formação da sociabilidade, verificáveis mediante a leitura de Freyre, citado por Oliveira (2003, p. 453), que vai demonstrar que a originalidade está na apresentação do "princípio fundador, representado pela violência e o estupro". O conceito de patriarcalismo pressupõe que o escravo esteja integrado na família, vista como um tipo de economia. Logo, os hábitos instituídos são de relações socioafetivas fluidas: "violência física, sexual, posse, brincadeiras, traspassamento do outro" (Oliveira, 2003, p. 454).

Com isso, identifica-se um dos elementos constitutivos centrais das relações sociais: RELAÇÕES COTIDIANAS FLUIDAS, NORTEADAS PELA VIOLÊNCIA E ABUSOS DE DIVERSAS ORDENS. Outro elemento constitutivo central encontra-se na reflexão de Holanda, nas palavras de Oliveira (2003, p. 456), a partir do conceito de cordialidade: "a *suma* dessas determinações é o homem cordial, que pensa com o coração e não com a cabeça, que se orienta pelas afetividades e não pela razão". O tipo específico da colonização brasileira gerou uma classe dominante de "proprietários privados" que impediu a separação entre público e privado.

Holanda (2004) define o homem cordial como uma forma disfarçada do brasileiro viver a sua individualidade. Não há polidez, a não ser como pseudopolidez, e não se suportam ritualismos sociais. Há uma busca incessante de estabelecimentos de intimidades e um convívio emotivo.

Há efeito dessa situação no funcionamento do Estado. Desde o início do processo de implantação do sistema democrático no país, o Estado passa a ser um mecanismo de dominação social patrimonial. Serve como instrumento de reprodução social das elites e também dos valores patrimonialistas.

Nessa perspectiva, completando a análise da gênese da sociabilidade brasileira, a obra de Prado Júnior, citado por Oliveira (2003), define o caráter geral do processo de colonização, com base no objetivo básico da exploração. Ocorreu, segundo Prado Júnior, um processo que reuniu "contemporaneidade e defasagem", pois se deu na contramão da história de outros processos de colonização. Isso porque aliou trabalho escravo com exploração econômica, ao passo que nas metrópoles o trabalho servil era desconstruído como alternativa econômica. Assim, paralelo aos fenômenos identificados anteriormente (violência, cordialidade e patrimonialismo), cria-se no país uma antiética do trabalho, pois quem trabalhava não eram os que lucravam, mas os escravos.

Nesse contexto geral de nossa formação social, identificada como patriarcal, patrimonial e cordial e sem uma ética do trabalho constituída, verifica-se o surgimento da democracia no país, que só poderia ser, então, um mal-entendido, por meio de uma aristocracia rural, conforme indica Holanda (2004, p. 160):

trouxemos de terras estranhas um sistema complexo e acabado de preceitos, sem saber até que ponto se ajustam às condições da vida brasileira e sem cogitar das mudanças que tais condições lhe imporiam. Na verdade a ideologia impessoal do liberalismo democrático jamais se naturalizou entre nós.

Como consequência, o modelo político de referência (o liberal) foi acomodado e aconteceu a apropriação de um de seus nexos centrais: a IMPESSOALIDADE, de forma invertida. Agora, o governante passa a ser alguém familiar e próximo.

Assim, o problema principal, apontado pelos diferentes autores citados, pode ser sintetizado na FALTA DA PARTICIPAÇÃO CIVIL. As mudanças de sistema ocorriam de cima para baixo, sem participação e, muito menos, significação do que estava acontecendo pelos que não tinham acesso ao poder.

(4.2)
As consequências da gênese histórica no desenvolvimento da democracia brasileira

Verificamos, na seção anterior, que existem condições estruturais não democráticas, vinculadas à formação histórica brasileira, que condicionam – como um elemento tensionador cotidiano – a possibilidade da existência de experiências de democracia participativa em nosso país.

Há, no Brasil, uma sociedade civil frágil. Parte-se do pressuposto de que a realização da democracia é uma novidade em construção no país, tornando-se uma exceção no desenvolvimento histórico da formação social brasileira.

As origens desse fenômeno, como vimos, estão em uma cultura política e social patrimonialista (fruto de um sistema democrático que, em sua gênese, não teve uma sociedade civil) e, consequentemente, em um processo de afirmação dos direitos políticos, sociais e civis, imposto de cima para baixo, a partir do Estado, conformando a construção de um fenômeno que Carvalho (2002) classifica como uma CIDADANIA INVERTIDA.

Dessa constatação, verifica-se a existência de tensões culturais, políticas e sociais permanentes, que criam mecanismos cotidianos que desconstituem a afirmação de valores democráticos, adaptando-os à lógica patrimonialista.

O efeito direto dos fenômenos identificados anteriormente é que as liberdades e os direitos individuais (e, logo, responsabilidades) não se tornaram a base do sistema democrático brasileiro. Essa situação obscurece as relações entre público e privado e as possibilidades da afirmação de uma cultura democrática. Daí, surgem dois problemas centrais para a consolidação de experiências de participação popular na cogestão do Estado.

Primeiro, o fato de que NÃO HOUVE NA HISTÓRIA DO PAÍS A ELABORAÇÃO DE UMA CULTURA DEMOCRÁTICA FORTEMENTE ARRAIGADA. Tal fenômeno reinicia com força somente na década de 1970. Logo, os traços hegemônicos dominantes da cultura brasileira são o de uma não democracia.

Segundo, como contraponto, no Brasil, há um REFORÇO MAXIMIZADO DO PAPEL DO ESTADO, pela ausência de uma sociedade civil forte, autônoma e organizada. Isso configura, segundo Carvalho (2002), uma Estadadania, processo em que a sociedade fica pautada, organizada e dependente do Estado.

Para que liberdades civis? Isso é algo estranho e abstrato em uma sociedade que teve 322 anos de colônia, na qual a sociedade civil era uma coisa mal vista e desnecessária, algo do outro lado do mundo, exercida em outros países. O homem cordial quer respostas imediatas e contato direto com quem resolve as situações.

E, assim, chega-se ao significado pleno da reflexão de que a democracia no país sempre foi um mal-entendido e que os esforços contrários a esse panorama estrutural, materializado sobretudo nas lutas sociais da década de 1970 e 1980, principalmente, são recentes (Holanda, 2004).

O contato direto, a pessoalização, o autoritarismo, a privatização do público, a não significação da sociedade civil e de esferas públicas, entre outros elementos, desafiam a lógica democrática diretamente a cada segundo.

Há, então, uma cultura predominante e hegemônica, não democrática, que solapa progressiva e gradativamente as experiências democráticas, integrando-as aos valores patrimonialistas e também pragmáticos e instrumentais da afirmação de interesse particulares. Na sequência, há um processo de cidadania invertida. Por ela, a base lógica dos direitos democráticos – os direitos civis – são, no processo de desenvolvimento histórico da cidadania no Brasil, os últimos e não os primeiros a serem afirmados.

(4.3)
Os desafios colocados pela gênese histórica para o desenvolvimento da democracia brasileira

A análise dos modelos normativos de democracia (trabalhados detalhadamente no Capítulo 1) como tipos ideais permite visualizar as diferentes possibilidades de ação nos processos de participação no Estado.

Nos modelos liberais identificamos formas mais pragmáticas, que afirmam interesses privados e rejeitam a intervenção excessiva do Estado.

Os modelos republicanos e seu imperativo de uma ação ética e moral, conformadora das relações sociais, criam fortes vínculos de identidade, possibilitando uma ação coletiva a partir do "nós" ou de uma comunidade autodefinida.

E, por último, os modelos deliberativos propõem-se a ser uma síntese equilibrada dos modelos anteriores, compreendendo, assim, a complementaridade entre os elementos mais pragmáticos e os elementos mais valorativos da ação política.

Se pensarmos de forma rápida esse problema perante os dois modelos clássicos de democracia, o liberal e o republicano, teremos uma visão mais nítida do desafio teórico que temos pela frente. O MODELO LIBERAL afirma e resguarda a liberdade individual, garantindo leis que protejam o cidadão dos excessos de liberdade e da intervenção excessiva do Estado. O MODELO REPUBLICANO se propõe a ser um modelo ético moral, no qual o cidadão persegue o bem comum, ou seja, uma ação solidária.

Considerando que, no Brasil, não houve um modelo liberal na origem de nossa democracia moderna, mas um sistema alocado nas instituições pela elite nacional, podemos deduzir que nosso sistema careceu dos valores básicos de uma democracia.

A tradição republicana também teve pouca influência nas instituições pelo mesmo motivo do modelo liberal. A Constituição de 1988 pode ser considerada o primeiro grande passo para a consolidação de valores liberais e republicanos nas instituições públicas e na sociedade como um todo. Por sua vez, a busca e a afirmação da liberdade e da igualdade, que virão a se firmar nas propostas de um modelo normativo de democracia deliberativa, têm seus principais artífices nos movimentos sociais em nível nacional que começam, em processo de luta contra a ditadura (nas décadas de 1960/1970), a firmar novos valores democráticos.

As construções pela base, de baixo para cima e de forma horizontal – onde todos(as) eram iguais em seus direitos e deveres no processo de organização –, na sociedade civil são uma possibilidade em construção – a partir da década de 1970 – e estão em permanente disputa com as formas tradicionais inversas. São uma novidade que podem afirmar-se ou não.

O MODELO DELIBERATIVO é uma das principais bases normativas de experiências de participação popular e democratização do Estado, pois não nega o elemento pragmático (busca de demandas sociais), mas busca equilibrá-lo com o modelo republicano, diminuindo a competição e aumentando a cooperação que, no caso nacional, é a grande novidade e necessidade associativa.

Logo, são necessárias duas considerações. Primeiro, em qualquer um dos modelos tomados como base, torna-se necessária a EXISTÊNCIA DE UMA PARTICIPAÇÃO ATIVA. Isso, no caso brasileiro, remete à uma força maior dos elementos tradicionais de participação do que de elementos de organização coletiva de caráter valorativo, pois a sociedade civil organizada, e eticamente orientada, é uma construção frágil e inacabada, como verificamos neste capítulo. O histórico processo de cidadania invertida, que torna inconcluso a afirmação dos direitos civis e, logo, caracteriza os outros direitos sociais e políticos (não necessariamente como conquistas, mas advindos de cima para baixo), bloqueia e solapa as organizações coletivas, autônomas e eticamente orientadas de forma cotidiana.

Em segundo, considerando as argumentações de Habermas (1994), as MOTIVAÇÕES PRAGMÁTICAS E VALORATIVAS SÃO COMPLEMENTARES, MAS ADVERTEM PARA A NECESSIDADE DE AUTONOMIA DA SOCIEDADE CIVIL. Ora, os dois pressupostos assinalados, participação ativa e autonomia, são elementos estranhos à cultura brasileira. Embora venha se destacando desde a década de 1970, tal processo de participação autônoma da sociedade civil tem sido lento, tensionado e ainda está em aberto, repleto de possibilidades.

No Brasil, a sociedade civil é ainda muito incipiente e frágil. Logo, se a experiência encarna tais pressupostos, o faz em um ambiente totalmente adverso. Tal reflexão ocorre com base em Holanda (2004), Oliveira (2003), Faoro (1984), Freyre (1995), Prado Júnior, citado por Oliveira (2003), entre outros. Não pode ser considerada uma reflexão nova, mas é incontornável para pensar as reais e efetivas possibilidades das experiências ditas democráticas.

Percebe-se, então, que os ambientes democráticos não sobrevivem por si só, mas necessitam estar retroalimentados com a construção da sociedade civil, a democratização do Estado e a produção de esferas públicas de forma simultânea e permanente.

O "calcanhar de Aquiles" de tais experiências situa-se em outros fatores, como na fragilidade da sociedade civil e na sua incapacidade de autorreprodução, tornando-se, consequentemente, dependente em excesso do Estado.

Entretanto, o processo de construção e afirmação da democracia não pode ser visto como uma sequência linear mas, ao contrário, como contraditório e tenso, pois é PLURAL EM SUAS VISÕES e ACIRRADO EM SUAS DISPUTAS. Nesse contexto analisado, imaginar as possibilidades de realização da democracia tem um desafio adicional: não só a produção de movimentos de democratização, mas também a análise dos processos que possam impulsionar a consolidação de uma cultura democrática.

O Brasil vive, hoje, seu terceiro período democrático, há exatos 24 anos. É preciso considerar que a democracia brasileira sofre uma dupla determinação: é incipiente e, ao mesmo tempo, plena de possibilidades de se reinventar e superar a gênese da formação histórico-social não democrática. Isso fica mais claro mediante a análise do desenvolvimento da "peculiar" cidadania nacional.

Temos uma democracia jovem, com uma biografia histórica de movimentos formados na luta antiditadura e uma cultura política e institucional patrimonialista, logo, de frágeis instituições políticas.

(.)
Ponto final

Apresentamos, no presente capítulo, os antecedentes à formação da cidadania nacional, nos quais identificamos os elementos constitutivos singulares de nossa formação social: um escravagismo forte, que culminou em um patriarcalismo centrado na violência e na fluidez das relações pessoais; o patrimonialismo político, que privatiza o aparato administrativo à serviço de interesses particulares; a ausência de uma ética do trabalho, uma vez que explorava-se diretamente o trabalho escravo. Tudo isso teve como base a ausência de uma sociedade civil, elemento vital para a afirmação dos valores democráticos. Em seguida, discorremos sobre os efeitos diretos dessa singular gênese histórica: uma sociedade civil fraca, assim como uma cultura democrática frágil e em construção, e a existência de uma Estadadania no país. Por último, utilizando como referência os três modelos normativos de democracia (liberal, republicano e deliberativo), retomamos as dificuldades e barreiras colocadas para a firmação de valores e de um sistema democrático, buscando perceber o desafio principal colocado: o fortalecimento da sociedade civil.

Indicações culturais

FAORO, R. *Os donos do poder*: formação do patronato político brasileiro. Porto Alegre: Livraria do Globo, 1984.

HOLANDA, S. B. *Raízes do Brasil*. São Paulo: Companhia das Letras, 2004.

Atividades

1. Com base na reflexão realizada na Seção 4.1, identifique, a seguir, a alternativa que caracteriza corretamente os principais elementos que constituem a formação social brasileira, tendo como base a leitura de Oliveira (2003), Holanda (2004), Freyre (1995) e Prado Júnior, citado por Oliveira (2003):
   a. Escravidão, democracia, patrimonialismo e antiética pelo trabalho.
   b. Democracia, direitos humanos, sociedade e uma ética protestante.
   c. Patriarcalismo, cordialidade, patrimonialismo e antiética pelo trabalho.
   d. Patriarcalismo, cordialidade, sociedade civil forte e uma aversão ao trabalho.

2. Verificamos, na Seção 4.2, a existência, no Brasil, de uma Estadadania, contraposta à existência de uma cidadania. Assinale, a seguir, a alternativa que melhor descreve esse conceito:
   a. Estadadania é o reforço do Estado, da participação cidadã da sociedade, que estimula a sua organização e reforça a cultura cívica.
   b. Estadadania é a organização da sociedade dentro do Estado, na perspectiva de uma cogestão.
   c. Estadadania é o reforço maximizado do papel do Estado, por ausência de uma sociedade civil forte, que vai pautar e organizar a sociedade, ficando esta dependente do Estado.
   d. Cidadania é o reforço maximizado do papel do Estado.

(5)

O processo de construção da
democracia e da cidadania no Brasil:
os quatro períodos históricos

Cesar Beras

O desenvolvimento da formação histórica da sociedade brasileira durou 322 anos de colônia, 67 anos de império, 41 anos de república, duas ditaduras (1937-1945 e 1964-1984) e três períodos de realização de um sistema democrático (1934-1937, 1946-1964 e 1984-2008) o que acarreta um período de 80 anos de regime democrático entrecortado por duas ditaduras: uma civil e outra militar. Esse peculiar desenvolvimento condiciona a possibilidade de realização de experiências de democratização do Estado.

Neste capítulo, complementaremos e aprofundaremos o capítulo anterior, focando o processo de construção da cidadania nacional, a qual apresenta QUATRO PERÍODOS HISTÓRICOS DE DESENVOLVIMENTO:

- da Independência, em 1822, até o fim da Primeira República, em 1930;
- de 1930 a 1964, da Era Vargas à ditadura militar;
- de 1964 a 1985, da ditadura militar à reabertura democrática;
- do último período, de 1985 a 2008, da reabertura até o período atual.

(5.1)
O início da cidadania brasileira: 1º período (1822-1930)

No PRIMEIRO PERÍODO, a novidade cidadã foi o reforço dos direitos civis. Suas principais características se relacionam à: independência pacífica e negociada; manutenção da monarquia; Constituição de 1824 (estabelecimento dos três poderes) e eleições ininterruptas, embora o sistema político fosse instável. Essa cidadania política era ainda rudimentar, pois, conforme Carvalho (2002, p. 32), "Mais de 85% eram analfabetos, incapazes de ler um jornal, um decreto do governo. Mais de 90% da população viviam em áreas rurais sob o controle e a influência dos grandes proprietários. Nas cidades, muitos votantes eram funcionários públicos controlados pelo governo".

Quadro 5.1 – A construção da cidadania brasileira no período de 1822 a 1930[a]

DIREITOS CIVIS	+
PRINCIPAL CARACTERÍSTICA	Luta pelos direitos básicos de organização, greve, manifestação, legislação trabalhista.
FATO HISTÓRICO	Surgimento de uma classe operária e abolição da escravatura.
DIREITOS SOCIAIS	–
PRINCIPAL CARACTERÍSTICA	Criação de uma caixa de aposentadoria em 1923 – primeira lei eficaz de assistência social.
FATO HISTÓRICO	Assistência social nas mãos de particulares. Não havia legislação de proteção ao trabalhador.
DIREITOS POLÍTICOS	–
PRINCIPAL CARACTERÍSTICA	Governos de oligarquias regionais. Eleições fraudulentas e participação precária da população (exclusão).
FATO HISTÓRICO	Introdução do voto direto, com limitação para mulheres, faixa de renda e analfabetos (80% da população).

FONTE: ELABORADO COM BASE EM CARVALHO, 2002.

As tensões políticas eram enormes: eleições conflituosas, com profissionais especializados (os cabalistas, a figura do "fósforo", os capangas eleitorais) na burlagem e venda generalizada de votos, eleições a bico de pena, exclusão pela renda, pelo sexo, por escolaridade. O voto era uma "ação estritamente voltada para as lutas locais" (Carvalho, 2002, p. 35). Vejamos Carvalho (2002, p. 33-35):

a. Os sinais + e – significam mais ou menos presença significativa, mas não indicam que os direitos em questão não tenham acontecido de forma absoluta.

Surgiram vários especialistas em burlar as eleições. O principal era o cabalista. A ele cabia garantir a inclusão do maior número possível de partidários de seu chefe na lista de votantes. Um pouco importante para a inclusão ou exclusão era a renda. Mas a lei não dizia como devia ser ela demonstrada. Cabia ao cabalista fornecer a prova para jurar que o votante tinha renda legal.

O cabalista devia ainda garantir o voto dos alistados. Na hora de votar, os alistados tinham que provar sua identidade. Aí entrava outro importante personagem: o "fósforo". Se o alistado não podia comparecer por qualquer razão, inclusive por ter morrido, comparecia o fósforo, isto é, uma pessoa que se fazia passar pelo verdadeiro votante.

Outra figura importante era o capanga eleitoral. Os capangas cuidavam da parte mais truculenta do processo. Eram pessoas violentas a soldo dos chefes eleitorais. Cabia-lhes proteger os partidários e ameaçar e amedrontar os adversários.

Em caso de não haver comparecimento de votantes, a eleição se fazia assim mesmo. A ata era redigida como se tudo tivesse acontecido normalmente. Eram as chamadas eleições a "bico de pena".

Em tal contexto, a Proclamação da República, ainda dentro do primeiro período, teve como contribuição central à introdução dos princípios federativos, o que reforçou a APROXIMAÇÃO ENTRE AS ELITES LOCAIS e a fORMAÇÃO DE POTENTES OLIGARQUIAS NOS ESTADOS.

Surgia a república dos coronéis, que, dos altos postos da Guarda Nacional, adquiriam, ao saírem da ativa e entrarem na força reserva do exército, a função de chefes políticos locais. As eleições continuavam sendo marcadas por práticas ilícitas. Ocorreu, também, nesse período, a Abolição da Escravatura, que largou os escravos a sua sorte, sem promover nenhum movimento de igualdade efetiva, aumentando o contingente de pobres.

Paralelamente a essa situação, houve o aumento da imigração, com a vinda de setores operários europeus com experiência sindical, importantes para a afirmação da cidadania nacional, a partir do processo de industrialização.

(5.2)
Os primeiros períodos democráticos e as ditaduras: 2º período (1930-1964)

O SEGUNDO PERÍODO se caracteriza pela Era Vargas e Pós-Vargas. O conjunto do período (1930-1964) se caracteriza basicamente pelo avanço dos direitos sociais. Cria-se o Ministério do Trabalho, Indústria e Comércio e afirma-se uma nova e ampla legislação trabalhista.

Quadro 5.2 – A construção da cidadania brasileira no período de 1930 a 1964[b]

Direitos civis	–
Principal característica	Figuraram nas constituições, mas foram pouco exercidos.
Fato histórico	Duas ditaduras e dois períodos democráticos curtos.
Direitos sociais	+

(continua)

b. Os sinais + e – significam mais ou menos presença significativa, mas não indicam que os direitos em questão não tenham acontecido de forma absoluta.

(Quadro 5.2 – conclusão)

Principal característica	Nova legislação e um ministério específico: Ministério do Trabalho, Indústria e Comércio.
Fato histórico	Instabilidade social.
Direitos políticos	–/+
Principal característica	Instabilidade política e aumento da lisura do processo eleitoral, e surgimento de movimentos de participação popular.
Fato histórico	Duas ditaduras e dois períodos democráticos curtos. Voto secreto, criação da justiça eleitoral, direito de voto pelas mulheres.

Fonte: Elaborado com base em Carvalho, 2002.

O Quadro 5.2 revela que os direitos políticos sofreram um revés, causado pela instabilidade política do país, dadas as duas ditaduras – a de Vargas e a dos governos militares – e os dois curtos períodos democráticos – 1934-1937 (com Vargas) e 1946-1964 (com os governos Vargas, Juscelino, Jânio e Goulart). O voto popular começa a sofrer uma mudança qualitativa, adquirindo mais importância na influência dos sistemas políticos, em paralelo ao crescimento da lisura dos processos eleitorais. Os direitos civis entram em um compasso lento e sofrem duramente com as ditaduras. Há progresso na formação de uma identidade nacional, por meio de campanhas nacionalistas, por amplos setores da sociedade, da direita à esquerda (Carvalho, 2002).

Esse período tem uma característica central para a análise configuracional: O CRESCIMENTO DA CAPACIDADE DE AÇÃO DO ESTADO EM TODAS AS DIMENSÕES DA SOCIEDADE. O Estado, na linha política defendida por Torres, citado por Carvalho (2002), organizava a sociedade. A ampliação dos direitos sociais foi por concessão estatal. Em vez de uma cidadania, surge a Estadadania (Carvalho, 2002). Nesse sentido, ocorre o reforço da gênese passiva da cidadania brasileira ou de uma não participação ativa. Enfim, o Estado funcionava e a democracia não era significada pela maioria da população.

Entre os anos de 1937 a 1945, no período de ditadura civil da Era Vargas, o Estado Novo não queria saber de povo nas ruas. Era um regime mais próximo do salazarismo português, que misturava repressão com paternalismo, sem buscar interferir na vida privada das pessoas (Carvalho, 2002, p. 109).

Em relação aos direitos sociais, a história é bem conhecida: implementação do Departamento Nacional de Trabalho, jornada de oito horas, regulamentação do trabalho feminino, criação dos institutos de aposentadoria, criação da Consolidação das Leis do Trabalho (CLT), do imposto sindical, entre outros. Entretanto, havia aspectos negativos: a política social funcionava como um privilégio e não como um direito, pois não era universal, mas, sim, para quem o governo decidisse. As organizações sindicais, expressão comum às organizações populares da época, eram dependentes do Ministério do Trabalho, com base na legislação vigente, o que estimulou o surgimento do "peleguismo" (o dirigente sindical "bajulador" do governo, comprometido com esse e suas benesses).

Após o fim do Estado Novo, com a nova eleição de Vargas, iniciou-se um período nacional populista na política brasileira. Indicava uma "relação ambígua entre os cidadãos e o governo" (Carvalho, 2002), visto que trazia os setores populares para a participação, mas mantinha os sujeitos dependentes do governo e de seus lideres.

É um período de governo (até 1956) marcado por tensões entre a oposição e a situação, que culmina com a morte do presidente. Iniciam-se novos momentos de instabilidade que permeiam o governo Kubitschek, embora ele tenha conseguido "dirigir o governo mais democrático e dinâmico da história Republicana" (Carvalho, 2002, p. 132).

Verifica-se o desenvolvimentismo em seu apogeu: pesadas obras de infraestrutura, transferência da capital do país para Brasília (1960) e potencialização da industrialização. E, em 1962, acontece uma novidade na história política brasileira quando, pela primeira vez, um presidente eleito – Juscelino Kubitschek – passa a faixa para outro presidente eleito – Jânio Quadros.

Porém, com a renúncia de Quadros e o veto à posse do seu vice, João Goulart, o país passa por um novo período de instabilidade, que teve três diferentes momentos: UM BREVE PARLAMENTARISMO; O PLEBISCITO, que reintroduz o presidencialismo e, consequentemente, A POSSE DE GOULART E O GOLPE MILITAR.

(5.3)
Da Ditadura Militar à reabertura democrática: 3º período (1964-1985)

O TERCEIRO PERÍODO, que se estende de 1964 a 1985, caracteriza-se por uma ditadura intensa e por um longo processo de abertura democrática. A figura dos Atos Institucionais (AI) ampliava os poderes do presidente, proibia eleições, cassava lideranças e políticos eleitos, fechava entidades civis, proibia o *habeas corpus,* fechava o congresso e reprimia, mediante ações policiais, qualquer tipo de manifestação, além de censurar a imprensa e invadir domicílios. Instituiu-se uma grande e poderosa máquina de repressão dentro do governo.

Quadro 5.3 – A construção da cidadania brasileira no período de 1964-1985[c]

DIREITOS CIVIS	–
PRINCIPAL CARACTERÍSTICA	Perda de todas liberdades individuais, que só foram retomadas no final do período.
FATO HISTÓRICO	Ditadura.
DIREITOS SOCIAIS	+
PRINCIPAL CARACTERÍSTICA	Novos avanços nos direitos com a unificação da previdência.
FATO HISTÓRICO	Crescimento econômico.
DIREITOS POLÍTICOS	–
PRINCIPAL CARACTERÍSTICA	Perda das liberdades políticas, mas manutenção do direito de voto, aumento do número de votantes e permanência do congresso aberto.
FATO HISTÓRICO	Ditadura.

FONTE: ELABORADO COM BASE EM CARVALHO, 2002.

O Congresso permanecia aberto, via de regra, mas era dominado pela Aliança Renovadora Nacional (Arena), o partido governista e, logo, pelo governo militar. Conjuntamente, houve um aumento significativo dos eleitores. Por quê? Paralelamente ao crescimento da repressão, cresceu a economia de forma nunca antes vista, só decaindo na fase final do período militar.

---

c. Os sinais + e – significam mais ou menos presença significativa, mas não indicam que os direitos em questão não tenham acontecido de forma absoluta.

O "milagre econômico" trouxe crescimento ao país, mas de forma desigual, tanto que o fato culminou com o Brasil como campeão mundial em desigualdade social. Em paralelo ao processo de ditadura militar, foi sendo alterada a estrutura do emprego (aumento do número de mulheres e alteração nos tipos de ocupação. O trabalho caminhava em direção aos setores secundários e terciários) e houve o crescimento dos processos de urbanização. Estava dada a condição para a consolidação de um sentimento de melhoria, apesar da repressão.

Assim, verifica-se o crescimento dos direitos sociais com a unificação e a universalização da Previdência Social (incorporação dos trabalhadores rurais, autônomos e empregadas domésticas), criação do Fundo de Garantia por Tempo de Serviço (FGTS), do Banco Nacional de Habitação (BNH) e do Ministério da Previdência e Assistência Social.

A partir de 1974 e até 1985, ocorre um gradual processo de liberalização de um sistema que passa a fortalecer novamente os direitos civis e políticos. Houve diminuição da restrição às propagandas eleitorais, a revogação do Ato Institucional 5 (AI-5), o fim da censura prévia e o início da anistia como marcos iniciais.

Várias circunstâncias e fatos configuraram essa transição: o declínio e posterior fim do "milagre econômico", e o simultâneo aumento do petróleo, a linha liberal conservadora representada por Geisel (novo presidente militar em exercício) e o desgaste das instituições militares, vistas como aparelhos repressores em potencial (Carvalho, 2002).

Mesmo com o fechamento do Congresso Nacional, em 1978, o processo de abertura democrática (transição da ditadura para a democracia) não foi interrompido. Acaba-se com o bipartidarismo e abrem-se eleições diretas para os governos, em 1982. E, de forma derradeira para o regime militar, procede-se à montagem do Colégio Eleitoral, em 1985.

Vivencia-se, então, um clima de reabertura política com eleições marcadas e toda uma efervescência da sociedade civil. Merece destaque especial, nesse processo de democratização, O RENASCIMENTO DE MOVIMENTOS POPULARES DE OPOSIÇÃO, por meio de greves, mobilizações e formas mais plurais de organização: sindicatos, igrejas, entre outros.

Surgem novos movimentos e atores: um movimento sindical diferenciado, construído de baixo para cima, que luta pela independência e autonomia, novas entidades populares – em especial, as associações de moradores populares e da classe média, que se somam ao movimento de favelados e ao conjunto dos movimentos sociais urbanos, centrados no contato direto com as administrações municipais (Carvalho, 2002).

As organizações de guerrilha estavam desaparecendo e a Igreja e outras organizações civis tomavam a frente do processo. Entidades como a Ordem dos Advogados do Brasil (OAB), a Sociedade Brasileira para o Progresso da Ciência (SBPC) e a Associação Brasileira de Imprensa (ABI) tiveram papel destacado no movimento que culminou nas Diretas Já, de 1984, reconhecido como uma das maiores manifestações de rua da história brasileira. O fato resultou na vitória de Tancredo Neves no Colégio Eleitoral (Carvalho, 2002, p. 178-190).

(5.4)
A cidadania e o terceiro momento democrático do país: 4º período (1985 até os dias atuais[d])

Assim, chega-se ao QUARTO PERÍODO de desenvolvimento da cidadania no país, de 1985 até os dias atuais. Esse período tem como características centrais a Nova República, a Constituição de 1988 e a primeira eleição direta para presidente no novo período democrático.

Quadro 5.4 – A construção da cidadania brasileira no período de 1985 a 2008[e]

DIREITOS CIVIS	–
PRINCIPAL CARACTERÍSTICA	Aumento de alguns direitos, mas desconhecimento e desrespeito destes por causa da profunda violência social existente.
FATO HISTÓRICO	Constituição, com juizados especiais etc.
DIREITOS SOCIAIS	+
PRINCIPAL CARACTERÍSTICA	Avanço dos direitos sociais plasmados na Constituição, embora em um quadro de profunda desigualdade social.
FATO HISTÓRICO	Constituição de 1988.
DIREITOS POLÍTICOS	+

(continua)

d. Com base na elaboração de Carvalho (2002).

e. Os sinais + e – significam mais ou menos presença significativa, mas não indicam que os direitos em questão não tenham acontecido de forma absoluta.

(Quadro 5.4 – conclusão)

Principal característica	Participação ativa na vida política e novos direitos políticos afirmados.
Fato histórico	Fim do governo militar, ampliação das eleições, movimentos de massa de participação política e uma Constituição Cidadã.

Fonte: Elaborado com base em Carvalho, 2002.

É importante frisar algumas questões fundamentais: primeiro, finalmente, os ANALFABETOS OBTÊM SEU DIREITO DE VOTO e, segundo, há uma CONSTITUIÇÃO DE FATO LIBERAL E DEMOCRÁTICA, afirmando liberdades para o voto e a organização partidária. Entretanto, os antigos problemas continuavam presentes: corrupção, cooptação dos movimentos sociais, não resolução dos problemas sociais cruciais (Carvalho, 2002), que desembocaram na expectativa de uma salvação messiânica – tipo tradição política constitutiva – situação já identificada na histórica "cordialidade" nacional, que levou à eleição de Fernando Collor de Mello (que, após um curto período administrativo, caracterizado pela arrogância e pela corrupção, sofreu um *impeachment).*

Depois de um importante avanço dos direitos políticos, o processo democrático se estabilizou e houve quatro eleições: as duas primeiras vencidas por Fernando Henrique Cardoso (1993 a 2000) e as duas últimas por Luis Inácio Lula da Silva (2001-2008). Este estudo limita-se a caracterizar a situação dos direitos constitutivos do processo de construção da cidadania.

Nesse terceiro momento democrático do país, os direitos sociais, por sua vez, ampliam-se. Entretanto, o fenômeno ocorre em um quadro complexo, com limite para aposentadoria e criação de licença-paternidade, de um lado, e, por outro, a Previdência Social encontra-se em situação de déficit, que aponta para um alto custo do Estado – valor desigual de contribuição social. A DESIGUALDADE SOCIAL ATACA DIRETAMENTE OS DIREITOS SOCIAIS.

Por último, verifica-se que os direitos civis têm um pequeno avanço. São criados novos mecanismos legais de proteção ao cidadão. No entanto, ainda são frágeis, quer porque as instituições responsáveis pela segurança são uma herança mal resolvida do período autoritário, quer pela situação social de "combinação de desemprego, trabalho informal e tráfico de drogas, que criou um campo fértil para a proliferação da violência, sobretudo na forma de homicídios dolosos" (Carvalho, 2002, p. 212).

(.)
Ponto final

Verificamos, nas seções anteriores, no acompanhamento do desenvolvimento histórico da construção da cidadania no país, o efeito direto de uma formação social sem sociedade civil nem separação entre o público e o privado. Somam-se a isso os poucos e curtos períodos democráticos, condição *sine qua non* do desenvolvimento de esferas públicas e do fortalecimento da sociedade civil.

Indicações culturais

CARVALHO, M. *Cidadania no Brasil*: o longo caminho. 3. ed. Rio de Janeiro: Civilização Brasileira, 2002.

JACOBI, P. Movimentos urbanos, Estado e cultura política no Brasil. In: LARANGEIRA, S. (Org.). *Classes e movimentos sociais na América Latina*. São Paulo: Hucitec, 1990.

Atividades

1. Em cada um dos quatro períodos de desenvolvimento histórico da cidadania, foi identificada nos quadros, vistos no decorrer do capítulo, a configuração específica dos direitos civis, sociais e políticos. O símbolo + (mais) significa mais presença e o símbolo – (menos) significa ausência ou pequena presença. Identifique a opção com a sequência correta:
   a. 1º PERÍODO (civis +, políticos + e sociais –); 2º PERÍODO (civis + políticos –/+ e sociais –); 3º PERÍODO (civis –, políticos – e sociais –) e 4º PERÍODO (civis –, políticos + e sociais +).
   b. 1º PERÍODO (civis –, políticos – e sociais +); 2º PERÍODO (civis –, políticos –/+ e sociais +); 3º PERÍODO (civis –, políticos – e sociais +) e 4º PERÍODO (civis –, políticos – e sociais –).
   c. 1º PERÍODO (civis +, políticos – e sociais – 2º PERÍODO (civis –/+, políticos –/+ e sociais –); 3º PERÍODO (civis –, políticos + e sociais +) e 4º PERÍODO (civis –, políticos + e sociais +).
   d. 1º PERÍODO (civis +, políticos – e sociais –); 2º PERÍODO (civis –, políticos –/+ e sociais +); 3º PERÍODO (civis –, políticos – e sociais +) e 4º PERÍODO (civis –, políticos + e sociais +).

2. No desenvolvimento dos quatro períodos descritos, verificamos uma novidade histórica: um presidente eleito passar a faixa para seu sucessor, também eleito. Marque, a seguir, a opção que identifica respectivamente o período, o presidente que passou a faixa pela primeira vez na história brasileira e seu sucessor:
   a. Segundo período: Getúlio Vargas – Juscelino Kubitschek.
   b. Terceiro período: Médici – Ernesto Geisel.
   c. Segundo período: Juscelino Kubitschek – Jânio Quadros.
   d. Quarto período: Fernando Collor – Fernando Henrique Cardoso.

(**6**)

O processo de reforma do Estado
na década de 1990

Cesar Beras

Neste capítulo, trataremos sobre o processo de reforma do Estado, ocorrido na década de 1990, e suas inflexões para o desenvolvimento da democracia, da cidadania e da sociedade civil no país. Essa década foi caracterizada por reformas em toda a América Latina, que buscaram reorientar a forma de ação do Estado perante a sociedade, com forte orientação para o fortalecimento do mercado.

Para que o leitor compreenda tal processo, organizamos três seções. Na PRIMEIRA, apresentaremos um breve panorama dos processos de reforma do Estado na década em questão. Na SEGUNDA, verificaremos os antecedentes do processo de reforma, apontando para o processo de transição anterior à reforma, e suas visões e inflexões teóricas. A TERCEIRA, e última seção, discutirá as motivações implícitas e os dilemas colocados pelo processo de reforma, em particular no caso brasileiro.

(6.1)
Breve panorama geral

Os anos de 1990 são a década, na América Latina, dos processos de reforma do Estado. Essa reforma foi marcada por uma concepção de diminuição do Estado e consequente valorização do mercado, o que redundou em um processo de reformas que não dialogavam com os problemas sociais seculares: pobreza, desigualdade social, fome, miséria etc.

Podemos, com base na leitura de Nogueira (2004), explicitar três condicionantes estruturais globais para o processo de reforma do Estado, na passagem do século XX para o século XXI:

- O ESGOTAMENTO DO MODELO DE DESENVOLVIMENTO AGRESSIVO, PREDATÓRIO E IMPULSIONADOR DA PRODUÇÃO INTENSIVA DE BENS DE CONSUMOS SUPÉRFLUOS, que teve como principal efeito o fato de o modelo de desenvolvimento existente deixar de ser um consenso na sociedade, pois não conseguiu aliar o progresso técnico com formas superiores de vida, trabalho e renda.
- O ESGOTAMENTO DO MODELO NEOLIBERAL, com suas políticas de desregulamentação e de ajustes monetaristas – orientados pela afirmação do mercado. Este não

conseguiu responder aos problemas sociais que proliferavam; ao contrário, ampliou a miséria, a desigualdade e o desemprego.

- O ESGOTAMENTO DA CRISE DA ESQUERDA, vivenciada em sua plenitude nos anos de 1990, no momento em que houve a assimilação dos efeitos da desagregação do Leste Europeu e, logo, do regime socialista (caracterizada pela queda do muro de Berlim, em 1989) e das mudanças estruturais da sociedade.

Dentro desse contexto geral, no Brasil, o ciclo da reforma foi caracterizado pela priorização da dimensão fiscal, financeira e patrimonial do Estado, fato que culminou na desvalorização da dimensão política e, logo, na lentidão da vida democrática. A vantagem foi o início do processo de modernização e transparência administrativa, que gerou uma cultura de participação no setor público, mas, de forma geral, conformou a democracia em seus aspectos formais, reduzindo esta a sua dimensão eleitoral.

Uma questão central nos processos de reforma é que A IDEIA DE ESTADO PERDEU CLAREZA E DIGNIDADE. Pensam-se tais reformas sob a perspectiva de redução do Estado em um ambiente onde se multiplicam formas não estatais (terceiro setor e estados paralelos – narcotráfico etc.).

Nesse sentido, o tom da reforma foi o de sintonizar as economias, a sociedade e o aparato administrativo estatal com o crescente processo de globalização da economia. Isso configurou uma reforma administrativa de tipo passivo ou adaptativo. Esse processo de reforma buscou responder a uma tripla crise do Estado, em escala mundial:

- a CRISE DO PLANO FISCAL (com cada vez mais ausência de recursos);

- a CRISE DO MODELO DE INTERVENÇÃO (de mais ou menos presença na sociedade);
- a CRISE NO PLANO ORGANIZACIONAL (forma de gerenciamento e funcionamento do Estado).

A meta era obter um Estado mais ágil, menor e barato, que resultou no processo de desconstrução do que era exercido realmente e no interrompimento dos sistemas de desenvolvimento do país. Assim, houve a desvalorização do Estado – de sua organização e de seu aparato técnico e administrativo. Para compreendermos de forma mais detalhada tal processo, analisaremos, na próxima seção, os antecedentes históricos do caso brasileiro.

(6.2)
Antecedentes da reforma: o processo de transição

O processo de reforma do Estado, ensejado na década de 1990, é determinado por uma complexa conjuntura nacional e internacional (principalmente), que pode ser explicitada no processo de transição que começa a ocorrer entre o modelo existente, nacional e desenvolvimentista, e um novo modelo que seria orientado para o mercado e adaptado à economia internacional – processo emergente de globalização da economia.

Isso apontava, conforme Couto (1998), para um conjunto de inovações que necessitavam da desconstrução de vários elementos do antigo modelo. Contudo, esses elementos já estavam consolidados na Constituição de 1988. O texto constitucional tinha consolidado vários aspectos do modelo nacional desenvolvimentista, como os monopólios estatais, a restrição do capital estrangeiro, a estrutura do gasto público, entre outros.

O período de transição para a Nova República (1985--1989) pode ser considerado o momento de encerramento da transição democrática no país, que culminou com a Constituição de 1988 e as primeiras eleições diretas após a ditadura militar. Entretanto, vários analistas defenderão que, do ponto de vista econômico, não houve consenso na discussão do texto constitucional e nenhuma alternativa foi afirmada com relativa hegemonia. Segundo Couto (1998):

> *Sallum Júnior afirma que o período da Nova República foi marcado por um lapso de hegemonia: "nenhuma das estratégias tentadas conseguiu obter a adesão ou, pelo menos, o assentimento dos componentes da antiga aliança desenvolvimentista que se conservava no poder, mas desestruturada e sem direção definida".*

Temos, então, a seguinte consequência: uma economia sem direção definida, que não conseguiu controlar a inflação e lançar as bases de uma reforma de Estado. Simultaneamente, era um período em que a economia mundial encarava o Brasil com desconfiança, devido à elevada dívida externa.

Esse cenário de transição democrática, aliado à incapacidade de transição econômica, condiciona à inexistência de uma coalizão parlamentar por dentro da Assembleia Constituinte de 1988 (Couto, 1998). O efeito foi a fragmentação da atuação dos diversos parlamentares por meio de negociações pontuais com os diferentes setores da sociedade. Assim, segundo Couto (1998):

Pode-se dizer que a Constituinte homologou a consciência que os atores haviam herdado do período precedente, uma consciência nacional-desenvolvimentista. Além disso, a Assembleia Constituinte tornou-se o desaguadouro dos reclamos de diversos grupos de uma sociedade civil efervescente, que após anos de luta contra um regime repressivo e pouco responsivo, viam na elaboração da nova Carta a oportunidade de fazer valer seus interesses, transformando-os em direitos.

Após essa breve síntese histórica do processo de transição, que caracteriza, por sua vez, o processo de reforma do Estado, podemos focar as visões teóricas implícitas e em disputa, no que diz respeito ao tipo de transição que tivemos no país e, logo, ao tipo de reforma que precisávamos.

De acordo com Couto (1998), não obstante o conjunto de análises possíveis, podemos perceber duas naturezas distintas sobre o processo de transição: uma DIÁDICA e outra TRIÁDICA.

Nas VISÕES DIÁDICAS, haveria uma dupla transição, política e econômica, que caracteriza o cenário da América Latina no último período (meados de 1980 e década de 1990). Na dimensão política, tivemos a transição de sistemas políticos autoritários para sistemas democráticos. Na econômica, surgiram possibilidades de uma nova relação entre Estado e mercado – um processo de liberalização econômica.

Nas VISÕES TRIÁDICAS haveria, por sua vez, uma tripla transição: política, econômica e de Estado. As duas primeiras, consideradas de primeira geração, não dão conta da crise da relação entre o poder político (Estado) e a sociedade. Nessa concepção, a transição política, no caso, de regime autoritário para um democrático, estaria concluída. A mudança econômica estaria incompleta, assim como a de Estado.

Com base nessa distinção, Couto (1998) discutirá as diferentes fases de transição, buscando compreender melhor sua natureza teórica. Ele parte do suposto de que é difícil definir uma característica única do processo de transição, que tenha sido condicionada pelo processo da Constituição de 1988 e pelas mudanças institucionais e políticas governamentais.

Assim, como característica central do processo de transição, temos o seu CARÁTER FLUIDO, em que cada momento tem características diferentes do período precedente. Desse modo, partimos não de uma análise global da estrutura da transição, mas das conjunturas em que ela estava envolvida. Ainda segundo Couto (1998), levam-se em conta três aspectos centrais para a análise e compreensão das diferentes fases do processo de transição:

- as TRANSFORMAÇÕES DA ESTRUTURA FORMAL DAS INSTITUIÇÕES (ordenamentos jurídicos e administrativos);
- OS DESAFIOS AMBIENTAIS DESTAS INSTITUIÇÕES (contexto geral em que operam – cenário da globalização);
- as FORMAS DE APRENDIZADO INSTITUCIONAL (constante aprendizado das mudanças institucionais e seus significados).

Nesse sentido, a Constituição de 1988 foi decisiva para o desfecho do processo de transição e para a criação do ambiente institucional sobre o qual se desenvolveria a discussão e a iniciativa de reforma do Estado, pois incorporou em seu texto um conjunto de concepções do modelo nacional desenvolvimentista. Dessa forma, criou-se um conjunto de barreiras para o novo modelo, mais voltado ao mercado que queria se firmar.

Nessa perspectiva, em 1993, conforme previsto, acontece o primeiro possível momento de reforma da Constituição. Entretanto, só houve a redução do mandato presidencial, agora para quatro anos, e a introdução do Fundo Social de Emergência (FSE), que buscava conter o deficit público.

A reforma Constitucional aconteceu basicamente por QUATRO FATORES COMBINADOS, segundo Couto (1998):

- *Um governo pós-impeachment com caráter transitório e de salvação nacional.*
- *Um clima de desconfiança a partir do presidente cassado que afetava a legitimação de mudanças mais profundas.*
- *Assim, não havia disposição do novo presidente para reformas de tipo estrutural.*
- *E também, por isso, os ministros da época não comandaram um processo de reforma mais profundo.*

Após esse breve panorama histórico, focaremos, na próxima seção, com mais precisão, as motivações da reforma e seus dilemas para o processo de construção da democracia no país.

(6.3)
As motivações da reforma e os seus dilemas

As primeiras perguntas de temos de responder é: "Por que reformar?", "Quais as motivações básicas que orientam a agenda dos reformistas?".

O contexto em que se encontrava o Estado brasileiro, após o processo de transição, era de penúria fiscal, inflado de atribuições e enredado numa teia de interesses privados. Conforme Nogueira (2004), o Estado operava precariamente e não conseguia contribuir para o desenvolvimento social do país, pois estava tecnicamente defasado, desprovido de funcionários motivados e sem carreiras profissionais bem delineadas.

Nesse quadro geral, o processo de reforma foi adaptativo, pois se limitou a um movimento de ajuste e não de reconstrução do país, em uma perspectiva emancipatória de afirmação da democracia política, promoção social e cidadania. Isso significa que não havia a preocupação de reformar, de forma estrutural, os problemas históricos de funcionamento do Estado; a motivação central era de somente prepará-lo para o convívio com uma economia de mercado internacionalizada. Assim, conforme indica Nogueira (2004), o processo de reforma se caracterizou por três ideias centrais:

- DESCENTRALIZAÇÃO: Entendida como a afirmação de espaços do governo de forma descentralizada, ou seja, distantes, mas articulados com o governo central, porém mais perto da população com suas atribuições e atividades. Seria uma aproximação na perspectiva de integração de um maior envolvimento e integração subnacional (regional e local).
- PARTICIPAÇÃO: Entendida como associações e indivíduos mais cooperativos do que conflituosos colaboradores, empreendedores e realizadores. Temos a imagem de uma espécie de cidadão benemérito. Nessa perspectiva, cresce a valorização do chamado *terceiro setor* e as ações de responsabilidade social.
- SOCIEDADE CIVIL: Entendida como uma sociedade forte, ativa e democrática. Foi pensada no processo de reforma em uma dimensão gerencial: "interesses, grupos, indivíduos e comunidades deveriam se organizar, autonomamente, para transferir sustentabilidade e recursos às políticas públicas" (Nogueira, 2004).

Em síntese, o processo de reforma do Estado, iniciado em 1990, não se concluiu, o que revelou seis conjuntos de ideias que tais processos deveriam levar em conta e que acabaram por caracterizar os dilemas não resolvidos ou não levados em consideração pelos reformistas.

1. A dinâmica dos sistemas políticos (procedimentos, normas) é tão importante quanto a dinâmica da sociedade, ou seja, não se pode pensar uma reforma somente da dimensão estatal, mas em uma que dialogue e tenha sinergia com a sociedade.
2. Por excelência, o Estado é um aparato de dominação e, logo, um campo de disputas, ou seja, o Estado não é neutro, mas um espaço de mediação de conflitos. Nogueira (2004) vai defini-lo como "um parâmetro ético de convivência e lócus para o encontro de soluções positivas para os problemas sociais".
3. A dinâmica política (suas rotinas, seus representantes – partidos e parlamentares –, seus tempos) é essencial para o funcionamento da democracia, pois assevera a possibilidade pacífica de afirmação de conflitos e diferenças.
4. A afirmação de um processo de cidadania ativa, ou seja, a compreensão de que a melhor maneira de se obter os direitos sociais garantidos é lutar por eles.
5. A necessidade de politização da sociedade, o reconhecimento e a explicitação de que toda sociedade é essencialmente política. Consequentemente, necessita de um sistema político que funcione bem, na perspectiva de integração social e na afirmação dos seus direitos básicos.
6. A afirmação de espaços e ambientes que estimulem a disposição "ética, existencial e intelectual" (Nogueira, 2004) dos indivíduos e grupos para a realização da alteridade: sair de si e pensar outro.

Em resumo, os discursos e concepções de reforma, depois da década de 1990, precisam ser reformados à luz:

- dos processos de reestruturação socioprodutiva em curso, com novas matrizes de desenvolvimento econômico e de produção, novas formas de trabalho e emprego.
- do processo de revolução tecnológica, que possibilitou e possibilita a comunicação global, tendo amplificado e potencializado suas possibilidades em todos os aspectos: econômico, político, social e cultural.

Tais elementos reconfiguram o papel do Estado, pois mudam drasticamente a noção de projeto nacional. O padrão Estado-nação, fruto da modernidade capitalista lá do século XVIII, está modificado. Agora, além de ressaltar as qualidades do Estado de racionalização, de intervenção e de promoção do desenvolvimento, é necessário potencializar a sua dimensão de mediação de conflitos e interesses, afirmando as bases de um contrato social (Nogueira, 2004).

(.)

Ponto final

Apresentamos, de forma sintética, um panorama geral dos anos de 1990 e os processos de reforma do Estado, colocados no contexto de globalização econômica e necessidade de adaptação dos Estados ao mercado, para sua maior liberalização. Em seguida, focamos o processo de reforma iniciado no Brasil, explicitando seus antecedentes históricos, com base no processo de transição de modelos de desenvolvimento ocorridos a partir de 1985, assim como as visões implícitas sobre o caráter dessa transição. Por último, apresentamos as motivações que embasavam o processo de reforma no Brasil e os dilemas gerados por esse grande processo que acabou por ficar inconcluso.

Indicações culturais

COUTO, C. G. A longa constituinte: reforma do Estado e fluidez institucional no Brasil. *Dados*, Rio de Janeiro, v. 41, n. 1, 1998.

NOGUEIRA, M. *Um Estado para a sociedade civil*: temas éticos e políticos da gestão democrática. São Paulo: Cortez, 2004.

Atividades

1. Como vimos nas seções 6.1 e 6.3, o tipo de reforma brasileira foi de caráter adaptativo e buscava dar conta de uma tripla crise. Identifique, a seguir, a alternativa que explicita tal crise, que acontecia em escala mundial:
   a. Crise do plano econômico; crise do modelo de ação estatal e crise no plano gerencial.
   b. Crise financeira; crise do modelo de desenvolvimento e crise do modelo energético.
   c. Crise política; crise ética e moral do Estado e crise operacional.
   d. Crise do plano fiscal; crise do modelo de intervenção e crise no plano organizacional.

2. O processo de reforma do Estado brasileiro, como vimos na Seção 6.3, tinha três ideias/conceitos centrais. Identifique esses conceitos e a correta descrição de cada um deles:

   a. 1) CENTRALIZAÇÃO: afirmação de espaços do governo de forma centralizada, ou seja, concentradas no governo central. 2) PARTICIPAÇÃO PARLAMENTAR: espaços de participação ativa de deputados federais e senadores. 3) SOCIEDADE CIVIL: uma sociedade forte, ativa e democrática.

   b. 1) DESCENTRALIZAÇÃO: afirmação de espaços do governo de forma descentralizada, ou seja, distantes, mas articulados com o governo central. 2) PARTICIPAÇÃO: associações e indivíduos mais cooperativos que conflituosos colaboradores, empreendedores e realizadores. 3) SOCIEDADE CIVIL: uma sociedade forte, ativa e democrática.

   c. 1) TERRITORIALIZAÇÃO: afirmação de espaços do governo de forma territorializada, ou seja, distantes e autônomos do governo central. 2) CONSELHOS GESTORES: afirmação de espaços administrativos e deliberativos para a participação de associações e indivíduos colaboradores, empreendedores e realizadores. 3) PARTICIPAÇÃO POPULAR: incentivo a organização e participação da população no processo de reforma.

   d. 1) DESCONCENTRAÇÃO: afirmação de espaços do governo de forma desconcentrada e autônoma do governo central. 2) CONTROLE SOCIAL: associações e indivíduos controlando a ação estatal 3) PARTICIPAÇÃO POPULAR: incentivo à organização e participação da população no processo de reforma.

(7)

A democracia participativa, as formas
de *accountability* e os movimentos
sociais no país

Neste capítulo, focaremos o surgimento dos novos movimentos sociais, ocorridos a partir de 1970, dentro do considerado terceiro período da cidadania no país, em meio à ditadura militar. Estes participaram diretamente da construção e afirmação da luta democrática e, consequentemente, da construção da sociedade civil, mediante a significação de formas de organização e participação popular no país (bases de uma concepção de democracia participativa).

Nesse sentido, organizamos o capítulo em três seções. Na PRIMEIRA SEÇÃO, focaremos as condições históricas do surgimento desses novos movimentos e suas características centrais. Na SEGUNDA, apresentaremos a evolução de tais movimentos no contexto histórico, assinalando a sua atuação, a perspectiva conceitual que embasava tal ação e as principais tensões e conflitos, assim como o processo de institucionalização ocorrido (tipo de relação entre sociedade civil e Estado). Na ÚLTIMA SEÇÃO, abordaremos rapidamente algumas condicionantes sociais para a auto-organização e a participação popular.

(7.1)
O surgimento dos novos movimentos sociais

Nesta seção, discorreremos sobre os atores coletivos forjados na relação entre sociedade civil e Estado e o processo de institucionalização ocorrido no Brasil entre essas duas esferas.

Tanto a noção de esfera pública como a de democracia participativa, além dos novos movimentos sociais que se afirmam na história em torno de 1970, foram marcados pela crise do keynesianismo (modelo econômico proposto pelo economista Jonh Maynard Keynes, que pressupõe a participação ativa do Estado na economia), do padrão de acumulação capitalista (uma forma rígida, organizada em grandes indústrias) e por toda uma crise sociocultural (relações familiares e intra-humanas).

Os novos movimentos sociais, que correspondem à matriz dos movimentos organizados da atualidade, surgem nesse contexto e por meio de rupturas com o modelo social dominante, conforme De La Cruz (1987):

- a ruptura cultural (desestabilização das relações humanas);
- a ruptura do modelo estatal (crise de legitimidade do Estado e da sua capacidade de respostas);
- a ruptura do modelo de desenvolvimento (crise econômica e nova matriz produtiva).

As características desses movimentos se articulam com a afirmação de uma nova cultura política no país e significam, segundo Scherer-Warren (1987):

- reação às formas autoritárias e de repressão política, propondo a democracia direta, sempre que possível, e de base representativa, em contextos mais gerais. Também questionam os próprios critérios de distribuição do poder;
- reação às formas centralizadoras do poder, defendendo autonomias locais e de autogestão;
- reação ao caráter excludente do modelo econômico adotado no país, encaminhando novas formas de vida mais comunitária.

Nesse processo de transição democrática, é possível perceber um crescente desenvolvimento do processo de institucionalização, que coloca novos desafios e novas tensões para os movimentos populares expressos na necessidade do diálogo com o Estado.

O contexto em que isso ocorre é constituído por alguns fatores bem singulares. O Estado é visto como espaço do exercício de uma violência institucionalizada (autoritarismo) e, ao mesmo tempo, comprometido com os interesses econômicos das elites (lógica da rentabilidade), em um momento de crescente aumento do processo de urbanização.

Os fatores citados vão compor o nexo constitutivo das novas transformações, que se orientam por uma mudança nas formas de legitimação do governo. Isso possibilita a abertura de espaços de discussão e a negociação com o Estado, ainda em grau incipiente, mas pleno de significância, como indica Jacobi (1990, p. 21):

> *No contexto das transformações no plano político-institucional e apesar do funcionamento tradicionalmente autoritário do Estado brasileiro, a implementação das políticas sociais como reflexo da busca de uma legitimidade junto aos setores populares – mesmo que através de um consenso passivo – obriga a mudanças na postura do Estado e de seus agentes na interação com a população.*

A partir de 1970, com o surgimento de novos atores coletivos, surge um novo tipo de interação com o Estado, a qual denominamos de PROCESSO DE INSTITUCIONALIZAÇÃO – geração de demandas em um ESPAÇO REGULADO PELO ESTADO.

Surge, então, uma relação de novos atores sociais coletivos, com uma determinada dinâmica estatal, um processo de institucionalização marcado pelas contradições urbanas e com a deterioração e a precariedade das condições reprodutivas em suas dimensões cotidianas (Jacobi, 1987).

Inicia-se a construção de uma identidade coletiva, com base social heterogênea, no processo de negociação com o Estado (plano político e cultural).

Jacobi (1987) alerta para o processo de transformação que começa a ocorrer também com o Estado. A preocupação do autor é demonstrar que os dois polos se transformam na relação e o Estado acaba funcionando também como propulsor dos movimentos reivindicatórios urbanos, seja por não lhes fornecer serviços coletivos, seja por os fornecer.

O autor em questão busca demonstrar o que considera uma mudança de paradigma: do privilégio à rebeldia das massas contra o autoritarismo, para as análises do aspecto político-institucional dos movimentos. Outro dado importante é que os movimentos vão cristalizando uma noção de cidadania popular, ou seja, O PROCESSO DE TRANSFORMAÇÃO DAS CARÊNCIAS E NECESSIDADES EM DIREITOS. Essa contribuição é marcante para a cultura política que está se instituindo. Segundo Jacobi (1990, p. 240)

> Por um lado, trata-se de sujeitos sociais que demandam satisfação de necessidades urbanas básicas. Nesse processo, diversos movimentos passaram da necessidade objetivamente existente para a consciência da necessidade, a partir da imbricação de diversos fatores dos quais resulta a prática reivindicatória. Esta, por sua vez, se torna fonte de uma identidade social possível, principalmente a constituição de formas diferentes de organização social.

Esse processo de institucionalização foi construído pelos movimentos sociais e diversos agentes estatais, e ampliado pelas experiências de Orçamento Participativo (OP) a partir de 1989. O OP, conforme indica Fedozzi (2001), contribui para construção de uma esfera pública democrática no momento que oportuniza a participação ativa dos cidadãos e cria condições reais de influência nas decisões do Estado.

Conforme Dagnino (2002), no Brasil, há um princípio de participação popular consagrado na Constituição de 1988, por meio da luta dos movimentos sociais, que já estava presente nos movimentos pioneiros de 1970, e que inspira processos como o do OP. Tal princípio caracteriza-se pela necessidade de "construção de espaços públicos – tanto daqueles que visam promover o debate amplo no interior da sociedade civil sobre temas/interesses até então excluídos de uma agenda pública, como daqueles que se constituem como espaços de ampliação e democratização da gestão estatal" (Dagnino, 2002)

Podemos supor, de modo geral, formas de culturas participativas que têm se desenvolvido desde 1970, com os novos movimentos sociais, até o início da década de 1990. Na próxima seção, vamos completar e aprofundar essa reflexão, focando nos conceitos teóricos que serviram de referência para os novos movimentos sociais, suas formas de ação, suas tensões e seus conflitos.

(7.2)
Os novos movimentos sociais e a discussão conceitual

No contexto histórico colocado na seção anterior, identificam-se alguns momentos distintos na trajetória dos movimentos populares e nos conceitos que serviam como referência mediante a noção geral de sociedade civil.

Conceitualmente, recorrendo à obra de Gohn (2005), é possível fixar no processo das transições democráticas ocorrido no pós Segunda Guerra Mundial, principalmente depois da década de 1970, a consolidação da utilização do termo *sociedade civil* como sinônimo de organização e participação popular na luta contra o regime militar.

O centro estratégico, construído com base nessa concepção, foi a oposição ao Estado, representante, no momento, do poder militar, buscando o que ele negava: igualdade social, por meio do oferecimento universal de direitos sociais e políticos, e as condições para qualidade de vida. A consequência disso, conceitual e organizacional, foi a luta pela autonomia perante o Estado, que se expressava, na maioria das vezes, em um rompimento explicito com as práticas autoritárias. Conforme Gohn (2005, p. 71):

> *O princípio da autodeterminação, componente fundamental num processo de autonomia, era exercitado de forma contraditória: frente à sociedade mais geral e ao Estado, os movimentos, especialmente os populares, apresentavam-se como autônomos. Mas internamente havia diferenças entre as lideranças, suas bases e as assessorias externas que os apoiavam, de forma que a autonomia era relativa e dependente bastante das assessorias (embora as assembleias fossem um elemento importante para construir ou referendar as agendas e pautas de luta).*

O modelo democrático que inspirava os movimentos populares, na época, era de caráter direto, realizado por meio de assembleias e reuniões. Os movimentos multiplicavam-se e se pluralizavam em diferentes formatos.

Nessa época, o componente antiestatal emprestou um sentido histórico muito forte ao conceito de autonomia. O Estado era o inimigo, pois era o *lócus* do poder militar. Logo, era necessário derrubar o Estado e o poder militar. O resultado é uma fratura histórica na relação entre sociedade civil e Estado, que vai matizar a autonomia como algo antiestatal e expresso em formas de democracia direta, que afasta a sociedade do Estado. Esse afastamento ocorre de forma antinômica das formas de democracia representativa.

Entretanto, surgem novas formas de organização e novas motivações para os movimentos populares. Inicia-se um lento processo de institucionalização[a], conforme exposto na seção anterior, que coloca os atores dos novos movimentos diante de temas diferenciados: minoria, busca pela qualidade de vida (expressa em infraestrutura, habitação, saúde, educação).

Assim, a partir de 1985, em um novo período histórico de transição democrática – que já se encontra em sua em fase final –, tem-se uma abertura democrática progressivamente maior, que aumenta essa pluralidade de atores e tira do Estado o papel de inimigo objetivo. O novo conceito estruturante da relação entre sociedade civil e Estado passa a ser o da cidadania. Embora já estivesse presente na década de 1980, segundo Gohn (2005, p. 75), na década de 1990 a noção de cidadania foi:

> *incorporada nos discursos oficiais e ressignificada na direção próxima a ideia de participação civil, de exercício da civilidade, de responsabilidade social dos cidadãos como um todo, porque ela trata não apenas dos direitos, mas também dos deveres, ela homogeneíza os atores. Estes deveres envolvem a tentativa de responsabilização dos cidadãos em arenas públicas, via parceria nas políticas sociais governamentais.*

O processo de mudança nos movimentos sociais (que traz a relação com o Estado como uma meta estratégica, em que este deixa de ser um inimigo objetivo) apresenta, de um lado, novas possibilidades de participação e organização, colaborando para o aprofundamento de uma cultura democrática no início do segundo período democrático no país. De outro, revela alguns problemas, como a possibilidade constante de fragmentação dos atores sociais diluídos nas

---

a. Para aprofundar-se no assunto, verifique Boschi (1987) e Jacobi (1983).

diferentes lutas, sob uma permanente tensão entre transformar-se em mero cliente do Estado e, simultaneamente, não ter espaços próprios de discussão. Assim, segundo Gohn (2005, p. 78): "Os novos atores que emergiram na cena política necessitam de espaços na sociedade civil – instituições próprias, para participarem de novos pactos políticos que redirecionem o modelo político vigente".

Verifica-se, então, uma nova encruzilhada na controvertida história da democracia brasileira: no momento de saída da democracia para a ditadura (em 1964), mostrou-se a passividade popular durante o funcionamento desta última, a luta de guerrilha e a construção de modelos organizativos fortes que enfrentam um dilema no novo cenário democrático, pendendo entre a fragmentação ou a organização autônoma coletiva. Nesse sentido, torna-se esclarecedora a análise de Schiochet (1993, p. 59):

> *Os movimentos sociais, quando apresentados como "Anti-Estado", não conseguiram ainda se articular de maneira estruturada de forma a poderem ser considerados como portadores de uma nova ordem social, com um projeto que sirva como alternativa efetiva para a sociedade. De outro lado, percebe-se que os movimentos sociais, os de caráter reivindicativo particularmente, não atuam enquanto agentes "Anti-Estado", mas suas reivindicações estão direcionadas a ele: o que exige uma interação entre a demanda dos movimentos sociais e a oferta de políticas públicas por parte do Estado.*

Além das transformações na lógica de relação e na dinâmica interna do Estado (por dentro do Estado, sua forma de organização), há questões que mudam e se problematizam internamente aos movimentos populares urbanos:

- ciclo de vida desses movimentos, com a discussão problematizando o seu aspecto hegemonicamente teleológico (fim predeterminado), ou seja, o movimento acaba quando conquista a demanda;
- a dinâmica de relação com o Estado (os movimentos ora se movem no espaço, entre a carência dos moradores atingidos e a sua organização, ora se movem nas possibilidades da afirmação de um direito ou da afirmação de uma recompensa perante o Estado).

O grande diferencial na dinâmica dos novos movimentos sociais seria a EXISTÊNCIA DE UM TRABALHO DE BASE, motor da conscientização, e que tornaria os movimentos uma possibilidade de mudança social. Percebe-se uma tensão existente já na gênese das concepções de mobilização e organização popular, entre organização autônoma balizada por projetos de transformação social e organização com vistas a fins determinados. São elementos em disputa no seio dos movimentos sociais, dentro da tênue democracia brasileira, até os dias de hoje. Não obstante, ainda temos de levar em conta certas condicionantes históricas e sociais que tensionam a participação e a organização popular, o que faremos na próxima e última seção.

(7.3)
As condicionantes da participação popular no Brasil

É necessário frisar que o processo de participação popular não é algo linear, sem contradições e em franca e livre expansão. Há um conjunto de dificuldades.

Um primeiro conjunto se expressa no fato de termos no país um "fosso social" (Reis, 2002), herdado da experiência escravista, que propicia um conformismo com o quadro de profunda desigualdade social do país. À medida que cresce a violência, a fome e a miséria, paradoxalmente não aumenta a insatisfação da população, que poderia ser canalizada em participação popular. Conforme Reis (2002, p. 28):

> Contudo, apesar da multiplicação de associações de vários tipos e certo fortalecimento da "sociedade civil" (e do surgimento do movimento negro, na esfera específica das relações raciais), os efeitos ainda limitados do processo de transformação da sociedade brasileira se mostram no fato de que a insatisfação e suas manifestações tendem a assumir formas não políticas, como a violência e a criminalidade difusas.

Um segundo conjunto de fatores se caracteriza pelas situações de pobreza, que aumentam e reproduzem o fosso social. Esta é percebida na população brasileira de três maneiras, conforme indica Reis (2002):

- Pela fragilidade da dimensão política por parte do brasileiro, fruto dos períodos de recessão, que se materializa em sentimentos individualistas e no descrédito para com as instituições políticas;

- pela falta de identificação do brasileiro com a nação, com um projeto nacional, o que prejudica a afirmação de uma identidade cultural e, logo, da própria autoestima da população;
- pelo grande enfraquecimento do Estado-nação no último percurso da história mundial, o que limita sua capacidade de ação e de resposta aos problemas sociais caracterizadores das situações de pobreza.

Conforme o mesmo autor citado, "a extrema desigualdade favorece o isolamento social e o recolhimento a um círculo de solidariedade privativo e restrito" (Reis, 2002).

O que buscamos demonstrar, de forma sintética, é o conjunto de dificuldades sociais que perpassam os processos de organização popular e dificultam, ao mesmo tempo em que dialogam com sua identidade atual, as possibilidades de organização social.

A existência de movimentos sociais organizados é uma condição complementar fundamental para a afirmação de um cenário de democracia no país, visto serem os elementos dinâmicos que organizam e consolidam uma sociedade civil autônoma e democrática.

(.)

Ponto final

Neste capítulo, apresentamos o processo histórico de constituição dos novos movimentos sociais e sua contribuição para a construção da democracia do país, tanto no processo de resistência à ditadura militar como no processo de reabertura democrática. Na sequência, vimos como os conceitos, primeiro de sociedade civil e, depois, de cidadania, influenciaram e conformaram as práticas dos movimentos sociais nos diferentes momentos históricos, assim como suas principais tensões e conflitos. Por último, verificamos dois grandes conjuntos de fatores que dificultam a participação e a organização popular: o fosso social constituído pela desigualdade socioeconômica e a pobreza da população.

Indicações culturais

GOHN, M. G. *História dos movimentos sociais*: a construção da cidadania dos brasileiros. São Paulo: Loyola, 1995.

_____. *Teoria dos movimentos sociais*: paradigmas clássicos e contemporâneos. São Paulo: Loyola. 1997.

JACOBI, P. Movimentos populares urbanos e resposta do Estado: autonomia e controle vs. cooptação e clientelismo. In: BOSCHI, R. *Movimentos coletivos no Brasil urbano*. Rio de Janeiro: Zahar, 1983. (Série Debates Urbanos).

Atividades

1. Assinale, a seguir, a alternativa que contém as três características centrais dos novos movimentos sociais, vistas na primeira seção deste capítulo:
   a. Reforço das formas autoritárias e de repressão política; reação às formas democratizadoras do poder; reação ao caráter includente do modelo econômico adotado no país.
   b. Reação às formas autoritárias e de repressão política; reação às formas centralizadoras do poder; reação ao caráter excludente do modelo econômico adotado no país.

c. Reação às formas autoritárias dos sindicatos; reação às formas centralizadoras do poder religioso; reação ao caráter excludente do modelo econômico adotado no país.

d. Reação às formas autoritárias; reação às formas centralizadoras do poder; reação ao caráter excludente do modelo econômico mundial.

2. Na segunda seção, verificamos a existência de uma nova encruzilhada para democracia brasileira. Identifique, a seguir, a alternativa que identifica o antigo e o novo dilema colocado pelo contexto histórico:

a. Saída da ditadura para um novo cenário democrático e o dilema entre a fragmentação ou a organização autônoma coletiva. Saída da democracia para a ditadura: a passividade popular.

b. Saída da escravidão para a democracia: a participação popular. Saída da democracia para a ditadura: a passividade social.

c. Saída da democracia para a ditadura e a organização forte da sociedade civil. Saída da ditadura para um novo cenário democrático e o dilema entre a fragmentação ou participação popular.

d. Saída da democracia para a ditadura: a passividade popular. Saída da ditadura a um novo cenário democrático e o dilema entre a fragmentação ou a organização autônoma coletiva.

(8)

A historicidade e a importância da
participação popular no Brasil

Neste capítulo, focaremos na análise dos adventos das experiências de participação popular, conhecidas como *orçamentos participativos* (OPs). Estes são uma forma de discussão e deliberação pública da peça orçamentária municipal, em que é discutido e decidido o conjunto da receita e da despesa do município, priorizando-se e definindo-se os investimentos públicos (escolas, pavimentação, posto de saúde etc.). Realizaremos uma breve caracterização do cenário nacional e da situação de organização da sociedade civil e, depois, explicaremos o processo de OP com base na experiência de Porto Alegre, referência emblemática mais duradoura (existente há 20 anos).

Assim, organizamos o presente capítulo em três seções. Na PRIMEIRA SEÇÃO, analisaremos os ciclos de desenvolvimento dos movimentos sociais no país, as condições gerais de participação e o significado do advento do OP em contraste com o sistema político cultural nacional. Na SEGUNDA, focaremos a conceituação do orçamento e seu funcionamento, verificando o conjunto de quatro mecanismos que o processo engendra, na perspectiva de possibilitar um sistema de participação universal e racional. Na TERCEIRA E ÚLTIMA SEÇÃO, apresentaremos as características específicas do surgimento da experiência de OP em Porto Alegre. Serão apresentadas as condições sociais e históricas existentes que o processo precisou enfrentar, dialogar e equacionar para que pudesse funcionar e se desenvolver.

(8.1)

A organização da sociedade e o advento da participação popular por meio dos orçamentos participativos (OPs)

Salientamos que as experiências participativas têm estado imbricadas no processo de democratização brasileira desde 1970. Os atores sociais coletivos instituíram uma cultura política na temática central, "demanda por direitos sociais, a construção da igualdade e a consolidação de uma cidadania popular" (Jacobi, 1987, p. 271). Nesse sentido, é possível mapear, em três ciclos, o desenvolvimento dos movimentos sociais no Brasil, no período de 1972 a 1997, conforme indica Gohn (1997):

- 1972-1984: O ciclo de lutas pela redemocratização do país e o acesso a serviços públicos, caracterizado pela luta contra a ditadura, época em que foram organizados diversos movimentos sociais: da moradia, dos desempregados, das associações de moradores, da CUT, CGT, UNE etc.
- 1985-1989: O ciclo da institucionalização dos movimentos sociais, caracterizado pela transição formal da ditadura militar para um sistema democrático com eleições diretas. A reforma da Constituição e a potencialização de diversas entidades do período anterior caracterizam esse período, em que o diálogo entre sociedade civil e Estado, este último como portador das soluções das demandas populares, torna-se mais frequente.
- 1990-1997: O ciclo da emergência de novos atores e a desmobilização dos movimentos populares urbanos. Caracteriza-se pelo crescimento dos movimentos populares rurais e pela diversidade dos novos atores sociais – o crescimento dos movimentos étnicos, de raça, sexo e idade, assim como o crescimento dos movimentos de caráter internacional.

Os três ciclos são engendrados por meio da eclosão dos movimentos sociais na década de 1970 que, por sua vez, são forjados no processo de reestruturação produtiva do capitalismo e do início do que conhecemos por *globalização*, na ruptura com padrões culturais e na ruptura política causada pela crise dos modelos vigentes de Estado. A síntese da evolução de tais ciclos pode ser vista em Gohn (1997, p. 324), o qual cita que "observamos que o ponto comum nas análises, feitas por estrangeiros ou brasileiros, diz respeito à construção de uma nova cultura política".

Essa nova cultura política tem, em um de seus pilares constitutivos fundamentais, a ideia de participação. Os percussores desse debate, citado por Dagnino (2002), eram basicamente conduzidos pelos novos movimentos sociais.

Podemos, mediante essa breve caracterização geral, pré-concluir três questões. Primeiro, que as formas organizadas de participação popular se gestam no país, pós 1964, em três momentos: o da luta pela redemocratização (1964-1982), o da transição democrática (1982-1984) e o da década de 1990, com a inclusão de novos atores e refluxo das formas associativas dos períodos anteriores.

Em segundo, verificamos que os principais agentes desse processo de construção da participação das comunidades no controle e gestão do Estado são os movimentos sociais, que se caracterizaram, basicamente, pela busca de sua autonomia e pela afirmação de "identidades coletivas".

Em terceiro, podemos perceber que a construção da democracia no país é constituída por um paradoxo: patrimonialismo *versus* emancipação. Em síntese, as políticas e os movimentos de democratização do Estado e da sociedade se assentam em cima de uma matriz republicana de caráter emancipatório. Esta, por sua vez, contrasta com uma implantação caótica e deturpada do liberalismo, que se caracteriza pelo patrimonialismo, ou formas de apropriação privadas do público, vistos detalhadamente nos capítulos anteriores (em específico no Capítulo 4).

O fato é que temos em nossa matriz cultural um componente subversivo e recorrente à democracia, mediante uma participação ativa: a NÃO ORGANIZAÇÃO COMO VALOR CULTURAL.

Nesse contexto, no final do segundo ciclo e início do terceiro, temos o surgimento das experiências de OP, em especial a de Porto Alegre, referência emblemática até hoje para o país e para o mundo. No processo histórico apontado, o OP aprofunda o processo de democratização do Estado em um contexto de refluxo do movimento popular ocorrido na década de 1980.

O OP, abrindo espaços para a participação popular, cria uma nova racionalidade no processo de institucionalização (democrática). Porém, esse processo não ocorre de forma isolada na história, mas em forma de redemocratização do país, no qual convivem e se enfrentam diferentes concepções de democracia, além de formas organizativas e suas respectivas culturas políticas. Trata-se, pois, de uma relação clássica entre Estado e sociedade civil, que estão em permanente disputa e transformação. A experiência histórica do OP contrasta com toda a história dessa relação. Quando a prefeitura institui o OP – e assim tem sido nesse primeiro momento, pelo menos, em todas as experiências –, é o Estado, como indutor, que busca provocar a democratização da sociedade e do próprio Estado. O mesmo Estado que sempre se moveu em relações sociais de dominação.

Ora, se isso é verdade, as chances de a emancipação social se efetivar por meio de tal processo de democratização, têm como base a possibilidade de parcelas da sociedade civil (em nosso caso, os representantes da comunidade que participam do OP), em suas instâncias autônomas, fazerem ecoar suas propostas e potencializá-las.

(8.2)
Conceituação e formatação geral dos processos de orçamento participativo

De forma geral, as experiências de OP caracterizam uma novidade institucional como um novo espaço de participação e deliberação que conforma a relação sociedade civil (entendida aqui, no âmbito municipal, como a parcela dos participantes do processo do OP) e Estado (expresso aqui em uma de suas parcelas, a saber, o poder administrativo local), na perspectiva de democratizar o segundo, ensejando um processo de relação institucionalizada ou de espaços abertos/regulados pelo Poder Público.

Com base em Fedozzi (2001, p. 166-167), podemos conceituar a experiência de OP como

> *um sistema político que põe em contato (a) o poder administrativo da esfera pública estatal; (b) os fluxos comunicativos gerados na esfera pública autônoma constituída pelas associações voluntárias enraizadas no mundo da vida; (c) e as instâncias deliberativas criadas por esse contato regular e, portanto, institucionalizadas pelo funcionamento sistemático e previsível do OP.*

A partir de 1989, as experiências do OP (principalmente em Porto Alegre) oportunizaram o surgimento de um novo tipo de esfera pública, com a participação ativa e cotidiana de representantes da comunidade e do governo local. Em relação à sua formatação, o OP, em linhas gerais (pois varia de cidade para cidade), caracteriza-se por uma agenda com as seguintes tendências principais:

- Uma forma de descentralização política e administrativa do município, com base na montagem, em conjunto com a sociedade, de uma matriz de regionalização, que busca garantir o acesso universal da população nas decisões da destinação dos recursos públicos, descentralizando os espaços de participação.

  Assim, toda a discussão da peça orçamentária do município acontece, simultaneamente, em diferentes regiões da cidade, que elegem representantes que comporão um conselho municipal, o qual realiza a síntese das assembleias regionais.
- O OP contém uma metodologia de discussão com a comunidade fixada e normatizada anualmente em um regimento interno. Este estrutura as rodadas de assembleias regionais e a composição do Conselho do Orçamento Participativo (COP), dos fóruns regionais, dos critérios de distribuição de recursos, e situa a discussão num tempo e espaço, conferindo-lhe seriedade, transparência e efetividade, pois facilita a fiscalização e possui um processo público e aberto para todos.
- Simultaneamente, o OP apresenta uma metodologia de distribuição dos recursos com critérios de progressividade e justiça social, o que possibilita a negociação de prioridades e o atendimento às parcelas populares excluídas socioeconomicamente, sem desconsiderar o conjunto do município.

Os critérios de distribuição de recursos são compostos com base em um sistema de pesos e notas, que aponta para uma seletividade progressiva das demandas, focando na desconcentração de renda para as comunidades mais necessitadas. Tais critérios e sistemas são apresentados anualmente e revistos ou referendados antes do processo de discussão das demandas, ou seja, primeiro são fixadas as regras do jogo e depois se inicia o processo de mobilização e disputa de demandas, com todos os envolvidos tendo conhecimento de seu início, meio e fim.

Por último, o OP é também uma concepção de democratização do Estado, no momento em que tensiona cotidianamente contra a estrutura antidemocrática/autoritária legada pela cultura política patrimonialista. Assim, na sua esfera municipal, busca a mudança de uma lógica de planejamento tecno burocrático para uma de planejamento estratégico com participação da população. Nesse sentido, geralmente se criam novas estruturas administrativas, que coordenam e processam a elaboração do orçamento da cidade, tanto internamente (dentro da prefeitura) quanto externamente (com a sociedade).

Na próxima seção, veremos o contexto histórico do surgimento da experiência de OP em Porto Alegre.

(8.3)
O contexto histórico específico e o diálogo das experiências participativas com o patrimonialismo político e cultural do país

Conforme verificamos na primeira seção, há três questões gerais que configuram a sociedade brasileira, por ocasião do surgimento da experiência do OP em Porto Alegre, em 1989:

- há, historicamente, a partir dos anos de 1970, três ciclos de participação popular, alicerçados em cenários diferentes: redemocratização, institucionalização e surgimento de novos atores;
- refluxo do movimento organizado do segundo ciclo, o que prejudica e problematiza a construção de sujeitos autônomos em um quadro de complexificação da participação popular;
- constante dilema cultural entre uma cultura patrimonialista *versus* uma cultura emancipatória.

O OP surge determinado por tais questões e comprometido em construir práticas emancipatórias devido à dinâmica associativa local, como veremos a seguir – e tensionado por práticas patrimonialistas existentes na sociedade.

Assim, em Porto Alegre, verificam-se sete questões que configuraram a gênese do OP:

- O impacto do crescimento do modelo econômico do capitalismo, que gerou no país e em Porto Alegre um crescimento urbano desordenado (a partir de 1940) – o crescimento desordenado da cidade originou uma grande demanda de regularização fundiária, situação que se estende até os dias de hoje. A cidade formal, estabelecida nos entornos do porto, ampliou-se em uma cidade informal em um raio de 30 quilômetros, cuja população era formada por trabalhadores, pelas pessoas advindas do campo e pela maioria da população. A infraestrutura, quando havia, era precária. Essa herança de 1940 estava fortemente presente em 1989. Todos os movimentos sociais, basicamente associações de moradores, tematizavam a questão de forma aguda, exigindo soluções do Poder Público.

- Práticas estatais autoritárias que desenvolvem uma cultura patrimonialista assistencial e corporativa (a partir de 1940) – outra herança iniciada na década de 1940 e reforçada com a ditadura militar, na década de 1960, foram as práticas autoritárias por parte do Estado, presentes nas formas de relação com a sociedade. Não havia diálogo entre o Poder Público e a população, e esta, muitas vezes, via-se reprimida. Como exemplo de repressão, podemos citar os despejos das vilas em áreas populares. Tais práticas, além de antidemocráticas, eram seletivas e se utilizavam do clientelismo, do assistencialismo e da tecnoburocracia, o que fomentava práticas associativas correspondentes no seio da sociedade. O debate era fragmentado, balizado por abaixo-assinados e realizado de forma seletiva (de preferência com os parceiros do governo em questão).
- SURGIMENTO DE NOVAS PRÁTICAS DE MOBILIZAÇÃO: Enfrentamento com o Estado (barricadas, denúncias) a partir de 1970 – verificamos o surgimento, a partir de meados de 1960, de novas práticas associativas contrárias às práticas estatais autoritárias e suas correspondentes na sociedade civil. Tais práticas se caracterizavam pela organização de base e pelo enfrentamento direto com o Estado – o famoso "pé na porta" (prática de mobilizar a população e ir direto ao gabinete do órgão público em questão, sem aviso prévio, para apresentar e exigir soluções para as suas reinvidicações).
- SURGIMENTO DE NOVAS FORMAS DE ORGANIZAÇÃO: Articulações regionais e municipais (meados da década de 1970) – em paralelo às novas práticas, surgiram novos modelos organizativos, preocupados com a fragmentação da ação comunitária e buscando então globalizá-la.

Surgem as articulações regionais, os conselhos populares, a união de vilas e as articulações municipais – tal como a União das Associações de Moradores de Porto Alegre (Uampa).

- OS LIMITES DA VANGUARDA DOS NOVOS MOVIMENTOS: Instrumentalismo/aparelhismo (a partir de 1980) – verificamos o limite de algumas práticas das vanguardas do movimento, que acabavam por aparelhar as entidades, muitas vezes estabelecendo correia de transmissão entre entidade e partido político, instrumentalizando as ações da primeira pelos interesses dos projetos políticos. Essa cultura vanguardista também estava presente em muitas lideranças de 1989.

- O IMPACTO DOS NOVOS SISTEMAS DE PARTICIPAÇÃO PÓS--DITADURA: Lei dos conselhos populares (meados da década de 1980) – em Porto Alegre, houve um elemento específico muito importante para a origem dos OPs: a lei dos conselhos populares, apresentada pelo governo anterior ao da Frente Popular ou Partido Trabalhista (PT), em 1988. Utilizando-se de uma confusão conceitual, essa lei propunha a instituição de conselhos municipais de cada política pública (educação, saúde etc.) como conselhos populares. Essa discussão aflorou a contradição entre as práticas tradicionais e patrimonialistas e as emancipatórias, pois tematizava as questões do pagamento da participação de cada conselheiro, da composição (porque o governo tinha que ter maioria na composição do conselho municipal) e da autonomia (a participação do governo e a organização, independente do movimento, eram aspectos diferentes). Essas tensões estão presentes até hoje.

- A expectativa de respostas concretas geradas a partir de 1989 – o sétimo e último elemento foi o da expectativa gerada por meio da eleição da Frente Popular. Os atores sociais que mais cobravam do governo anterior novas práticas emancipatórias, que buscavam se organizar de forma autônoma e pressionavam cotidianamente no estilo "pé na porta", denunciando a situação de descaso da cidade, agora estavam em sua maioria no governo. Tinham de dar respostas concretas.

Após esse rápido panorama das singularidades da experiência local, é possível perceber três questões centrais. Primeiro, a EXISTÊNCIA DE GRANDES TENSÕES SOCIAIS (uma cidade desassistida), que geram uma grande expectativa de resposta. Em segundo, a EXISTÊNCIA DE UM ASSOCIATIVISMO FORTE E CINDIDO EM PRÁTICAS DIFERENCIADAS (patrimonialista e emancipatória). E, por último, a EXISTÊNCIA DE FORMAS ORGANIZATIVAS DIFERENCIADAS E PREOCUPADAS COM COESÃO GLOBAL DA AÇÃO, tanto em nível regional quanto em nível municipal.

O OP se propôs a ser uma prática governamental diferenciada e comprometida com formas emancipatórias do fazer político. No próximo capítulo, detalharemos o seu funcionamento durante seus primeiros 16 anos, para verificar se isso realmente aconteceu e como aconteceu na cidade de Porto Alegre (RS).

(.)

Ponto final

De forma geral, apresentamos, neste capítulo, os três ciclos que estruturam o desenvolvimento dos movimentos sociais, entre 1972 e 1997, e as principais características do período: a redemocratização, a transição democrática e o surgimento de novos atores sociais, com refluxo dos anteriores, a busca pela autonomia e afirmação de identidades coletivas e a presença marcante de uma cultura política patrimonialista.

Nesse contexto, focamos o significado inovador da experiência do OP, que abre espaços públicos e universais para a participação e deliberação sobre a aplicação de todos os recursos municipais. Na sequência, conceituamos e apresentamos os quatro grandes mecanismos que compõem o processo de funcionamento do OP, desde as regiões da cidade (espaços descentralizados de participação popular), passando pelos critérios de distribuição de recursos, até as formas de funcionamento interno da prefeitura e um processo com início, meio e fim.

Por último, apresentamos as três características gerais que condicionaram historicamente as experiências de participação popular após 1989 e as sete características específicas de Porto Alegre.

Indicações culturais

FEDOZZI, L. *Orçamento participativo*: reflexões sobre a experiência de Porto Alegre. 3. ed. Porto Alegre: Tomo Editorial, 2001.

GOHN, M. G. *História dos movimentos sociais*: a construção da cidadania dos brasileiros. São Paulo: Loyola, 1995.

Atividades

1. Conforme vimos na segunda seção, a formatação do OP possui quatro grandes mecanismos de funcionamento. Assinale a alternativa que contempla tais mecanismos:
   a. A centralização político-administrativa do município; uma metodologia de discussão com a comunidade fixada, anualmente, na câmara de vereadores; uma metodologia de distribuição dos recursos com critérios decididos pelo prefeito; uma concepção de democratização do Estado que reforça seu caráter técnico.
   b. A divisão político-administrativa do município em sub-prefeituras; uma metodologia de discussão com a comunidade, fixada em um regimento interno; uma metodologia de distribuição dos recursos, com critérios de progressividade; uma concepção de democratização do Estado.
   c. A descentralização político administrativa do município (matriz de regionalização); uma metodologia de discussão com a comunidade, fixada semestralmente em um regimento interno; uma metodologia de distribuição dos recursos com critérios de antiguidade da demanda social e do número de pessoas participando na assembleia; uma concepção de democratização da sociedade.
   d. A descentralização político-administrativa do município (matriz de regionalização); uma metodologia de discussão com a comunidade fixada anualmente em um regimento interno; uma metodologia de distribuição dos recursos, com critérios de progressividade e justiça social; uma concepção de democratização do Estado.

2. Na Seção 8.1, identificamos o advento do OP como responsável por uma grande novidade nas relações entre Estado e sociedade civil. Qual alternativa, a seguir, aponta para essa novidade?

   a. O mesmo Estado, que sempre promoveu no país relações sociais de dominação, produz a democratização do Estado e da sociedade.
   b. O mesmo Estado, que sempre promoveu no país relações sociais de dominação, induz a democratização do próprio Estado e da sociedade.
   c. O mesmo Estado, que sempre promoveu no país relações sociais de produção, induz a democratização do Estado e da sociedade.
   d. O mesmo Estado, que sempre promoveu no país relações sociais de igualdade e liberdade política e social, induz a elitização do Estado e da sociedade.

(9)

O funcionamento da experiência do Orçamento Participativo de Porto Alegre (Oppa)*

*O presente capítulo tomou como base os estudos de Beras (2008).

Neste capítulo, como forma de exemplificar toda a discussão realizada até agora, focaremos a experiência histórica de orçamento participativo (OP) da cidade de Porto Alegre, no período de 1989 a 2004. Essa experiência teve uma repercussão internacional e dura até hoje. Nesse sentido, possui um efeito demonstrativo interessante, que pode nos ajudar a entender na prática o funcionamento do processo que, ao dialogar com a sociedade civil, afirma a democracia e o exercício desta.

Assim, este capítulo foi organizado em cinco seções. Nas quatro primeiras, explorararemos a evolução do processo do OP em seus primeiros 16 anos, nos quatro mandatos da frente popular. Nosso foco serão as principais transformações ocorridas ano após ano. Na quinta seção, discutiremos os dilemas que envolvem a aplicação de tal processo institucional de participação, com base na participação popular.

(9.1)
Primeiro mandato (1989-1992): o início de um novo processo de institucionalização nas relações entre comunidade e prefeitura

A ideia básica que conforma a experiência (o envolvimento e a afirmação da participação popular na decisão do orçamento público) era uma tarefa afirmada desde os primeiros meses de 1989, quando uma nova coalizão partidária (a Frente Popular, encabeçada pelo Partido dos Trabalhadores PT) assumia, pela primeira vez, a Prefeitura Municipal de Porto Alegre[a].

A nova administração inicia a mobilização popular para a realização da discussão pública do orçamento por meio da discussão com as cinco regiões da cidade, estabelecida,

---

a. Desde a reabertura democrática, acontecida em 1984, a Prefeitura Municipal de Porto Alegre teve na cidade os seguintes mandatos: 1985-1988 – Alceu Collares; 1989-1992 – Olívio Dutra; 1993-1996 – Tarso Genro; 1997-2000 – Raul Pont; 2001-2004 – Tarso Genro e João Verle; 2005-2008 – José Fogaça.

no início, somente com as lideranças comunitárias da cidade, em reunião realizada no salão nobre da prefeitura, já no início do mandato.

Nos primeiros meses de governo, com a coordenação da Secretaria de Planejamento do município e do gabinete do prefeito, a partir da Coordenação de Relações com a Comunidade (CRC), iniciava-se um diálogo com a cidade que culminou na primeira assembleia pública, realizada em setembro, no Sindicato dos Metalúrgicos, na zona norte da cidade.

O processo consistia, na época, em duas rodadas de discussão: a primeira incluindo cinco regiões e a segunda, quinze microrregiões (divisão intrarregional). Nesse período, a representação de conselheiros dava-se na proporção de um "representante" por microrregião (nome original dos atuais conselheiros) e um delegado para cada 10 presentes.

O foco da recuperação das finanças, em 1990, segundo ano de gestão da nova administração, expressava-se como um esforço para a garantia das mudanças exigidas pela população por meio da participação organizada. Nesse ambiente, o OP – com seu Conselho Municipal e fóruns regionais – estrutura-se rapidamente como um portal legítimo de demandas comunitárias. O OP começa a constituir-se como o *lócus* da qualidade de vida mediante a participação popular, podendo ser identificadas quatro grandes transformações:

- A instituição do primeiro Conselho Municipal de Plano de Governo e Orçamento.
- A mudança da coordenação interna da prefeitura. Até 1990, o processo de discussão do orçamento público era dirigido pela Secretaria de Planejamento Municipal (SPM). Uma das principais bases e novidade institucional começa a se formar, dando origem ao Gabinete de

Planejamento (Gaplan) e a Coordenação de Relações com a Comunidade (CRC)[b], órgãos específicos para a coordenação do processo. O primeiro, internamente, com a responsabilidade de coordenação técnica, e o segundo, encarregado de coordenar a política e as relações com a sociedade.

- A construção do primeiro grande critério de eleição: cinco presentes elegiam um delegado. Essa forma de eleição vingou até 1994. Quanto aos conselheiros, a forma inicial de dois titulares e dois suplentes por região e, depois, por temática, nunca sofreu alterações.
- A afirmação dos primeiros critérios para a distribuição de recursos para os investimentos na cidade. Eram cinco critérios que buscavam conciliar a universalização do acesso aos recursos públicos com as formas de redistribuição de oportunidades e acesso aos serviços públicos e bens de infraestrutura: a população total da região; a população carente; a contribuição para a organização da cidade; a mobilização popular e a carência de infraestrutura.

Chega-se a 1991 com as seguintes grandes novidades em relação ao funcionamento do Orçamento Participativo de Porto Alegre (OPPA):

- Criação dos Fóruns Regionais do Orçamento Participativo (FROP), que institucionalizam a participação dos delegados – pessoas da comunidade, eleitas de forma proporcional à participação numérica de seu local de moradia no processo – em instâncias de

---

b. Embora a CRC estivesse, nessa épóca, formalmente vinculada ao Gabinete do Prefeito, foi somente a partir de 1990 que ela assumiu junto com o Gaplan, a íntegra da coordenação do processo sem a SPM.

base. Os escolhidos para ocupar esses cargos assumem a função de coordenar, regionalmente, todo o processo de discussão, possibilitando aos conselheiros um maior enraizamento e organização dentro da própria região.

- Alterações dos critérios gerais de distribuição de recursos, que sofrem as seguintes modificações: são abandonados os critérios da mobilização popular e da contribuição para a organização da cidade. Adota-se o critério de prioridade à região.

Em 1992, é lançado o primeiro Plano de Investimentos, tal como ficou conhecido até hoje, e surgem duas grandes transformações no processo de funcionamento do OPPA, que se configuraram em novidades institucionais:

- A instituição dos Coordenadores Regionais do Orçamento Participativo (Crop), com a função de interlocutores entre a prefeitura e a sociedade, além do acompanhamento cotidiano do processo do OP.
- A formalização dos eixos temáticos como unidades referenciais únicas para toda a cidade. Esse fato permitia unidade na escolha e na identificação das diferentes demandas, estabelecendo um padrão único para distribuição de recursos na cidade.

Inicia-se, nesse primeiro mandato, a construção de uma nova rotina, ou seja, um novo tipo de institucionalização, pautado pela participação popular na cogestão.

(9.2)
Segundo mandato (1993-1996): consolidando a participação popular na cogestão municipal

A Frente Popular ganha novamente as eleições municipais, com nítido compromisso de, entre outras questões, manter o funcionamento do OP, que continua a sofrer alterações para seu aperfeiçoamento. Nessa perspectiva governamental, o processo sofre, no primeiro ano, duas transformações institucionais.

De um lado, considerando a necessidade expressa de radicalizar a democracia, amplia-se o escopo da discussão sobre os investimentos para a cidade, incorporando-se à discussão do Plano Plurianual, documento que deve ser enviado à câmara municipal, a cada começo de governo, com as diretrizes gerais para todo o mandato. Dessa vez, tal plano foi discutido com o Conselho do Orçamento, o que possibilitou a ampliação do poder de decisão, pois a comunidade pôde influir nas principais diretrizes do governo durante o seu mandato.

De outro, há uma pequena e importante readaptação no eixo temático Pavimentação, que passa para Pavimentação Comunitária, pois a maior parte das demandas comunitárias não se enquadrava nos parâmetros técnicos estabelecidos, ou era inviável por apresentar ocupações urbanas no leito das ruas e outras situações complexas, quando analisada por meio do Plano Diretor da Cidade (código de leis adotado em grandes centros urbanos. Ele tem como função organizar o funcionamento da infraestrutura da cidade, a mobilidade, a vocação econômica, entre outros aspectos).

Em 1994, o ambiente era influenciado diretamente pela crise financeira, ocasionada pelo novo plano econômico nacional que, no processo de transformação da moeda da época para o Real, ocasionou perdas nas operações financeiras e na relação com as empreiteiras que já tinham contratos assinados. Influenciado por esse contexto de dificuldades, o processo do OP sofre intensas transformações. São sete as principais transformações nesse ano e, em relação aos mecanismos de cogestão, são três os que dão conta de uma ampliação geral nas formas de discussão do processo, pois atingem praticamente todos os níveis da sociedade.

Além de manter as discussões regionalizadas (base do processo), surgem as plenárias temáticas, possibilitando a integração de novos públicos ao processo. Também se busca ampliar a capacidade discussão, não só da realidade regional e suas necessidades, mas também da cidade como um todo, apontando para discussões gerais sobre as políticas públicas.

Simultaneamente, amplia-se a coordenação do OPPA, oficializando a presença dos conselheiros na coordenação municipal, que, agora, organiza as reuniões do conselho e passa a coordenar todo o processo de forma conjunta com a prefeitura. Há, ainda, o envolvimento dos funcionários públicos na questão do ingresso de pessoal na prefeitura, por meio da criação da comissão tripartite (funcionários, comunidades gestores municipais).

Em relação aos mecanismos de normatização, ocorrem quatro transformações. Abrem-se dois espaços para a eleição de delegados(as) e há uma inversão das formas de eleição, estimulando uma maior participação popular nas reuniões, em sua maioria descentralizadas, por meio de microrregiões. Essas reuniões foram denominadas de *reuniões intermediárias*, pois ocorrem entre a primeira e segunda rodadas, e têm a função de deliberar sobre os eixos temáticos e as demandas prioritárias.

Eleva-se o número de pessoas necessárias para a eleição de delegados na primeira rodada, sendo 20 presentes para cada delegado (anteriormente, eram 5). Simultaneamente, possibilita-se a eleição na reunião intermediária, de maior *quorum*, na proporção de um delegado para cada dez presentes.

Completadas as transformações nos mecanismos de normatização, há o início sistemático da discussão regimental e, simultaneamente, a discussão e a aprovação dos critérios técnicos.

O ano de 1995 é marcado por poucas transformações, referentes às mudanças nos mecanismos de normatização: o regimento interno passa a ser publicado pela prefeitura de Porto Alegre e distribuído para todos os participantes do processo (assim como o Plano de Investimentos) e o critério geral de população carente é retirado do regimento interno.

O último ano deste mandato, 1996, situa-se em um contexto de eleições municipais. Não obstante, há duas importantes transformações de caráter normativo. A mais importante foi a mudança da autodefinição do processo que consta no regimento interno, discutido anualmente pelos participantes do OP, que aponta para um sentido de separação nítida das funções do processo: a prioridade, nesse momento, é discutir a peça orçamentária e não mais as funções de administração do governo, como o plano de governo.

Além disso, as formas de acessibilidade aos cargos eletivos do processo são complexificadas, com base em um sistema de faixas que fixa o número mínimo de delegados por região e refreia o número máximo, visto o grande público participante. Da mesma maneira, estabelece-se a proporcionalidade para a eleição de conselheiros, pois as disputas eram ferrenhas e, logo, para se evitar exclusões, afirmava-se a representação proporcional.

De forma geral, percebe-se que, no conjunto do segundo mandato analisado, a consolidação da tendência à democratização da relação entre a sociedade e o Estado.

(9.3)
Terceiro mandato (1997-2000): consolidando a normatização

Chega-se ao terceiro mandato consecutivo da Frente Popular, em Porto Alegre, com o discurso de participação popular para hegemonizar conceitualmente o novo governo. Nesse primeiro ano, 1997, aconteceram sete mudanças no processo do OPPA:

Em relação às modificações referentes aos principais mecanismos de cogestão, há uma inovação conceitual, que fica por conta da mudança do nome, já consagrado, de rodadas (primeira rodada, rodada intermediária e segunda rodada) para Assembleia Geral Popular. Isso confere um *status* diferenciado para as reuniões já tradicionais. Essa mudança não altera conteúdo, tornando-se um momento privilegiado para a população discutir a cidade. O termo *assembleia* remonta à tradição dos movimentos de bairro da cidade, que realizavam as assembleias populares em suas vilas.

A segunda modificação, ou seja, a criação de uma comissão tripartite para a discussão dos convênios com as creches, busca responder a uma demanda crescente, que vinha desde o mandato anterior: a fiscalização dos convênios com as creches comunitárias, que tratavam de recursos públicos destinados a essas entidades já existentes, mediante critérios, que eram discutidos com a Oppa.

A última modificação foi a criação da comissão de comunicação do conselho, que modifica, pela segunda vez em todo o processo, a organização interna deste.

Em relação às outras quatro mudanças, referentes aos mecanismos de normatização, observa-se no regimento interno uma modificação na autodefinição da experiência (considerando a sequência histórica do processo, trata-se da terceira mudança de autodefinição ocorrida). São novidades, então, a inserção da sigla COP (Conselho do Orçamento Participativo) e a substituição da denominação *Poder Público Municipal* para *Município de Porto Alegre*.

Uma segunda mudança, talvez a mais significativa, foi a que alterou o sistema de pesos e notas[c] dos critérios gerais. É a primeira vez que isso acontece desde a fixação dos critérios. Agora, são cinco notas, em vez das quatro originais, sendo que os pesos dos critérios sofreram a seguinte alteração: CARÊNCIA DE SERVIÇO, ou infraestrutura, passou de peso três para peso quatro – com cinco faixas de notas; o critério POPULAÇÃO TOTAL DA REGIÃO, que tinha peso dois, permaneceu como estava – com quatro faixas de notas – e o critério PRIORIDADE TEMÁTICA DA REGIÃO, de peso três, passou para quatro – com cinco faixas de notas em cada critério.

---

c. Conjunto de notas que são atribuídas a cada eixo temático, definido pela população e multiplicado por um peso de importância. O método distributivo dos recursos era ponderado e, claro, discutido e aprovado pela população.

A quarta e a quinta mudanças ocorridas foram relativas aos eixos temáticos e às matrizes das possibilidades de demandas na cidade, em que a Assistência Social vira um tema de discussão.

Durante o segundo ano da terceira gestão, ocorrem três grandes transformações, centralmente focadas nos mecanismos de normatização. A principal modificação fica por conta da mudança da autodefinição do OPPA, expressa no regimento interno. Houve uma pequena, mas significativa, alteração em uma das funções específicas – é acrescentada a finalidade de PLANEJAMENTO nas atribuições do conselho do orçamento.

Em segundo, observa-se uma alteração no critério de escolha de delegados. Agora, existem quatro faixas de proporcionalidade, em vez das 8 faixas do ano anterior. As faixas sofrem uma simplificação, que limita a diferenciação entre elas até o limite de 401 presentes, estabelecendo, assim, para após a superação desse número, a utilização da proporcionalidade.

Em terceiro, há o acentuado aumento dos eixos que compõem a matriz temática de discussão dos investimentos na cidade, de oito para doze temas. São acrescentados ÁREAS DE LAZER, ESPORTE E LAZER, DESENVOLVIMENTO ECONÔMICO E CULTURA.

Em 1999, terceiro ano do mandato analisado, são três as principais transformações no funcionamento do OPPA. Novamente, e pela última vez, modifica-se a autodefinição do OPPA: o nome passa de Conselho Municipal do Orçamento Participativo para Conselho do Orçamento Participativo (COP), forma que permanece até o final do período analisado de 16 anos.

Em segundo lugar, regulamenta-se no regimento, em seu art. 24, a questão das reuniões dos conselheiros(as), prevendo reuniões mensais destes sem a presença do governo.

A última transformação ocorrida é a possibilidade de a comissão paritária instituir, quando necessário, comissões para a avaliação da real carência de cada região. Ou seja, aperfeiçoam-se as formas de controle da distribuição dos recursos.

Em 2000, último ano da terceira gestão, há um conjunto de seis intensas transformações. Nos mecanismos de cogestão, ocorre uma mudança significativa na comissão paritária, que passa a denominar-se *coordenação do COP*, tendo quatro representantes do governo (anteriormente eram dois) e oito representantes da comunidade.

Agora, com a criação da temática Cultura – que antes se encontrava junto com a Educação, Cultura e Lazer –, são instituídas seis plenárias temáticas: Circulação e transporte; Saúde e assistência social; Educação, esporte e lazer; Cultura; Desenvolvimento econômico e tributação; Organização da cidade, desenvolvimento urbano e ambiental.

As outras quatro transformações são essencialmente normativas. Nas formas de eleição de delegados, abandonam-se as faixas de proporcionalidade, voltando-se a utilizar o critério de proporção de dez presentes para um delegado. Paralelamente, há a alteração da eleição dos delegados nas intermediárias, que passa a ter, agora, uma reunião específica para esse fim, e não mais a reunião de maior *quorum*.

Uma segunda modificação fica por conta da criação de critérios técnicos específicos para o tema da Assistência Social, criado em 1997, e que no desenvolvimento da experiência do OPPA, fruto de ter sido bem colocado entre as prioridades temáticas de investimento de cada região, necessitou de critérios técnicos específicos.

A terceira mudança diz respeito ao sistema de pesos e notas dos critérios gerais. Nesse ano, o critério de carência de serviço, ou infraestrutura, passou a ter peso cinco e um intervalo de quatro notas, e o critério prioridade da região também passou para peso cinco e quatro notas.

A quarta e última alteração dá sequência ao sentido da mudança anterior. Ela aumenta as formas de controle sobre os recursos advindos, principalmente de financiamentos, quer do governo federal, quer de mecanismos internacionais.

A partir desse momento, há a consolidação de um processo com as condições de normatização intensa no papel e nas ações que constituem o processo do OP.

(9.4)
Quarto mandato (2001-2004): de volta à preocupação da institucionalização

O quarto mandato consecutivo da Frente Popular, último período analisado, foi constituído por dois prefeitos: Tarso Genro, 2001 a 2002, que saiu para concorrer ao governo do Estado, e João Verle, vice, que assumiu de 2003 a 2004.

Em 2001, a ênfase discursiva está na afirmação da cidadania como exercício do controle público do governo, discurso já utilizado anteriormente, e na necessidade de sua ampliação.

Considerando somente as principais mudanças, há 11 transformações, sendo seis referentes à reflexão e à ampliação dos mecanismos de cogestão e cinco aos mecanismos de normatização. As transformações referentes aos mecanismos de cogestão buscam, basicamente, a ampliação e a capilarização (descentralização em toda a cidade). De um lado, estabelecem-se novas formas de participação:

- iniciativas de solidificação internas da capacidade de controle e decisão, com base na nova comissão tripartite, que enfoca a discussão sobre a assistência social, tema em constante evolução nos últimos anos;
- criação da comissão de obras, habitação e área social;
- iniciativas de ampliação da participação externa, que ampliam a discussão do plano plurianual para os fóruns regionais e para as instâncias do Plano Diretor de Desenvolvimento Urbano e Ambiental, e da participação via internet.

De outro, as transformações nos mecanismos de cogestão expressam uma preocupação com a renovação do processo do Oppa. Visando à modernização deste, foi criado um grupo de trabalho, formado por pesquisadores do mundo inteiro, com o objetivo de propor melhorias com base em discussões internas. Esse grupo visitou várias entidades da sociedade civil e buscou reformatar a experiência do Oppa com base em um roteiro pré-definido de tensões existentes no processo, constituídas ao logo dos três mandatos anteriores.

Outra preocupação foi a instituição de cursos de capacitação sobre o Oppa, com o intuito de socializar o funcionamento do processo para todos os conselheiros(as) e delegados(as).

Em 2002, a ênfase discursiva aparece novamente na ampliação do processo, agora por meio dos espaços digitais, a partir da utilização da internet. Nesse ano, há poucas mudanças, destacando-se as realizadas com base na proposição do grupo de modernização.

São três mudanças principais no ciclo que reorganizam o processo de discussão, buscando torná-lo mais enxuto e mais deliberativo:

- A instituição das reuniões preparatórias buscava sintonizar as preocupações da comunidade com as da prefeitura. Isso possibilitava um espaço de discussão prévia, onde os representantes do governo compareciam e apresentavam os critérios técnicos antes do processo de deliberação da comunidade nas assembleias.
- A instituição da rodada única: decidem-se, em apenas uma roda de discussão (antes eram duas), os eixos temáticos, os conselheiros e o número de delegados para a região.
- Completando as mudanças, há a realização das rodadas intermediárias, que não mais definem os eixos temáticos, mas somente seu detalhamento, dentro da ordem já previamente votada, priorizando a ordem das demandas.

A partir de 2003, assume o então vice-prefeito João Verle. A ênfase discursiva está na afirmação da existência de seriedade e de poder compartilhado de fato. Novamente, como em anos anteriores, não aparece o termo *cidadania*. A grande mudança ficou por conta da INSTITUIÇÃO DO ORÇAMENTO PARTICIPATIVO INTERNO.

Após 15 anos de existência da experiência do OPPA, fruto de proposta do quarto congresso da *Cidade Constituinte*[d], surge uma proposta efetiva de discussão da prefeitura com o funcionalismo público: por meio da incorporação deste ao processo do OPPA, ampliou-se a discussão interna com eixos temáticos, demandas e formas de deliberação próprias.

---

d. Conjunto de conferências e seminários que culminam em um congresso que delibera sobre as diretrizes de funcionamento da cidade

Em 2004, temos, pela primeira vez, um texto elaborado pelo COP – *Orçamento Participativo, o olhar de seus protagonistas* – que afirma o processo do OPPA como a organização de um novo campo popular e democrático. O texto, basicamente, estabelece a função dos conselheiros e a participação direta na gestão do Estado, o que valoriza a cidadania e afirma a democracia participativa.

É o ultimo período de governo da Frente Popular, que perde a disputa eleitoral e encerra o ciclo de condução do processo do Oppa. O novo governo eleito mantém e continua o processo, considerando-o patrimônio político-cultural da cidade de Porto Alegre.

(9.5)
Um breve panorama sobre os dilemas do Orçamento Participativo de Porto Alegre: lições para as novas experiências

Para completarmos a análise realizada no capítulo da experiência de Porto Alegre, em seus primeiros 16 anos de OP, apresentaremos a síntese do documento base, de Verle e Brunet (2002), que provocou a última reforma do processo do OP em 2001 e que buscava apresentar as tensões críticas pelas quais essa experiência passava. Dessa forma, podemos buscar apreender os dilemas e as complexidades próprios dos processos de participação popular no momento que se buscar aplicá-lo em outros locais.

Dividimos os dez elementos do documento em dois

tipos de limites: os ORGANIZACIONAIS, que apontam para o desenho institucional e forma de organização por dentro do aparato público, e os ESTRUTURAIS, que apontam para aqueles elementos que dão conta da bagagem cultural e organizacional dos participantes.

Limites organizacionais

- OP DENTRO DE UMA DEMOCRACIA PARTICIPATIVA: Há dificuldades de integração com outras formas de participação, que podem sombrear com o OP (realizarem a mesma função ao mesmo tempo) ou com espaços de maior potência e eficácia.
- UNIVERSALIDADE × DIVERSIDADE: Estruturação do processo voltada à infraestrutura urbana. As plenárias temáticas começaram a superar isso e é vista a necessidade de se aproximar das classes médias.
- QUANTIDADE × QUALIDADE: Crescimento lento da participação e hegemonia do movimento comunitário. A qualificação é instrumental e deixa a desejar em outros aspectos de formação para a cidadania.
- O OP COMO PRODUTO HISTÓRICO: Processo feito a várias mãos – autorregulamentado. Fenômeno cristalizado em alguns aspectos. Exemplo: matriz de regionalização.
- LINGUAGEM ACESSÍVEL × CONTEÚDO: Qualquer um pode debater um orçamento público. Entretanto, faltam materiais com linguagem acessível e sem uso demasiado de siglas.
- VANGUARDA QUE SE APROPRIA DO PROCESSO × POPULARIZAÇÃO DA EXPERIÊNCIA: Simplificação *versus* complexificação das regras para se entrar no OP. Setores se utilizam dessa complexidade para sua reprodução pessoal. Muitas assembleias e reuniões.

Limites estruturais

- SOLIDARIEDADE × COMPETIÇÃO: Esse mecanismo cria uma cultura de solidariedade. No entanto, na prática, vê-se uma cultura da competição. Criação de espírito corporativista (ou seja, um tipo de "panelinha" política).
- LOCALISMO × GLOBALISMO: Debate regionalizado (ainda está assim restringido) *versus* debate com uma visão mais geral da cidade.
- ESTRUTURA DE PARTICIPAÇÃO × ESTRUTURA DO ESTADO: A estrutura geral da prefeitura não mudou e não conseguiu ser, ao que parece, permeada pelo OP.
- AUTO-ORGANIZAÇÃO × DEPENDÊNCIA DO GOVERNO (RELAÇÃO DÚBIA ENTRE O COP E O GOVERNO MUNICIPAL): Governo como foco de realização de demandas e fornecimento de dados. Pouco conhecimento por parte dos funcionários, atropelo de pautas, falta de clareza pelos atores institucionais da distinção governo *versus* sociedade. A organização do processo é dependente da iniciativa do governo. O OP pode vir a retirar o sentido das organizações comunitárias.

(.)

Ponto final

Apresentamos, de maneira sintética, o processo de desenvolvimento do OPPA, focando as principais transformações, na perspectiva de afirmação e consolidação de formas de participação popular, na discussão e na deliberação dos recursos orçamentários municipais. Discorremos, também, sobre os dilemas suscitados por tais experiências como possibilidades de aprendizado para a firmação da democracia e da cidadania em nosso país.

Indicações culturais

BERAS, C. *Orçamento participativo de Porto Alegre e a democratização do Estado*: a configuração específica do caso de Porto Alegre – 1989-2004. 2008. 255 f. Tese (Doutorado em Sociologia) – Universidade Federal do Rio Grande do Sul, Porto Alegre, 2008.

VERLE, J.; BRUNET, J. (Org.). *Construindo um novo mundo*: avaliação do orçamento participativo em Porto Alegre – Brasil. Porto Alegre: Guayi, 2002.

Atividades

1. Analisando o processo de desenvolvimento do OPPA, conforme as quatro primeiras seções, podemos afirmar que ocorreram três processos. Assinale a alternativa que indica tais processos:
   a. Redução gradativa dos espaços de participação; simplificação da base normativa (regras); autodefinição fixa do processo.
   b. Ampliação gradativa dos espaços de participação; simplificação da base normativa (regras); transformações na autodefinição do processo.
   c. Ampliação gradativa dos espaços de participação; complexificação da base normativa (regras); transformações na autodefinição do processo.
   d. Redução gradativa dos espaços de participação; desconstituição da base normativa (regras); autodefinição fixa do processo.

2. Verificamos, na quinta seção, dez possíveis limites para experiências como a do OP. Identifique o par, a seguir, que descreve corretamente e respectivamente um dos limites organizacionais e um dos estruturais:
   a. 1) Limite organizacional: crescimento lento e qualidade instrumental; 2) Limite estrutural: a organização do processo depende do governo.
   b. 1) Limite organizacional: dificuldades de integração com outras formas de participação; 2) Limite estrutural: falta de materiais com acessibilidade de linguagem.
   c. 1) Limite organizacional: na prática, verifica-se uma cultura de competição; 2) Limite estrutural: a estrutura geral da prefeitura não mudou.
   d. 1) Limite organizacional: debate regionalizado; 2) Limite estrutural: processo feitos a várias mãos.

(10)

Os dilemas das experiências
de participação popular

No presente capítulo, à guisa de conclusão, iremos, após termos verificado os conceitos e os processos de desenvolvimento da democracia, cidadania e sociedade civil, além de alguns exemplos concretos, discutir os possíveis dilemas que devem ser levados em conta no específico caso brasileiro, nas tentativas de democratização do Estado e da sociedade.

Nesse sentido, organizamos três seções. Na primeira, vamos retomar e frisar as dificuldades históricas nacionais de afirmação da democracia.

Na segunda, com base na reflexão de Max Weber, focaremos as relações sociais como relações de dominação e suas implicações para a construção de sociedades democráticas, focando o caso brasileiro.

Por fim, na terceira seção, explicitaremos alguns possíveis dilemas que devem ser levados em consideração para a condução de processos concretos de participação popular, como forma de democratização das relações entre Estado e sociedade.

(10.1)
A democracia brasileira: no início, um mal-entendido

Como vimos, a democracia brasileira pode ser considerada um mal-entendido, uma apropriação pragmática das elites nacionais do sistema democrático europeu, mas sem sociedade civil e nem valores liberais (Holanda, 2004). O aspecto principal do modelo brasileiro foi o PATRIMONIALISMO POLÍTICO E CULTURAL.

Nesse ambiente, desenvolveu-se uma cidadania invertida, compreendida com base na ordem estabelecida por Marshall (1967): direitos civis, políticos e sociais. Assim, a cidadania no Brasil se iniciou pela afirmação dos direitos sociais e, posteriormente, dos direitos políticos e somente por último dos direitos civis (Carvalho, 2002). As consequências diretas desse processo se refletem numa sociedade patrimonial extremamente desigual, em que a esfera pública é uma novidade em construção.

Os problemas políticos decorrentes dessa situação, concordando com Carvalho (2002), são dois:

1. a não formação de uma convicção democrática no processo de construção dos direitos cidadãos, o que reforça o mal-entendido da democracia, ou o projeto que nunca foi levado a sério pelas elites;
2. logicamente, não se criou uma sociedade civil, mas uma Estadadania (Carvalho, 2002), e os direitos civis não têm razão de serem significativos, pois o Estado, uma vez afirmando os direitos sociais, resolve o problema de cima a baixo.

No processo de construção e afirmação da participação popular no Brasil, a partir da década de 1970, capitaneado principalmente pelos movimentos sociais, há dois momentos distintos: o da luta contra a ditadura militar, caracterizado por um forte componente antiestatal na ação desses movimentos, e o momento da abertura democrática, em que se cria a condição e a necessidade de contato direto com o Estado, com o intuito de estabelecer um diálogo que aponte para as diferentes soluções advindas das demandas sociais emergentes e crescentes, oriundas do processo de urbanização em curso.

Esse segundo momento exigiu da sociedade um poder maior de organização e mobilização para dialogar em condições de igualdade com o Estado, em um momento de refluxo das organizações sociais, a partir da mudança conjuntural e do tipo de ação política necessária para o atual período. Não mais a luta contra um inimigo objetivo, o Estado, mas a discussão e pressão sobre este. Isso remete diretamente para dilemas organizacionais nos movimentos: busca de demandas somente ou a afirmação constante dos direitos sociais, políticos e civis.

Esse contexto, e o fato de ainda não haver 100 anos de democracia no Brasil, implica graves consequências para qualquer tentativa de experiência democrática que se queira realizar. Sólidos mecanismos sociais estão incrustados, não somente no Estado, mas nas atitudes dos indivíduos no processo de socialização política nacional. O contato direto, a pessoalização (do cidadão com o investidor do poder estatal), o autoritarismo, a privatização do público, a não significação da sociedade civil e de esferas públicas, entre outros elementos, desafiam a lógica democrática diretamente a cada segundo.

Há uma cultura predominante e hegemônica, não democrática, que solapa progressiva e gradativamente as experiências democráticas, integrando-as aos valores patrimonialistas, pragmáticos e instrumentais da afirmação de interesses particulares.

Logo, tem-se um enfraquecimento da sociedade civil. Há uma necessidade da existência de uma sociedade civil forte, que surge como um "devir ser" – algo que pode acontecer, mas ainda não o é – e não como um dado objetivo. Como essa sociedade forte fica pressuposta, ela acaba por parecer algo natural e objetivo. Entretanto, ela é frágil e incipiente.

Percebe-se, então, que os ambientes democráticos não sobrevivem por si só; eles necessitam ser retroalimentados com a construção da sociedade civil, com a democratização do Estado e com a produção de esferas públicas de forma simultânea e permanente.

Uma vez explicitadas nossas dificuldades históricas, abordaremos o conceito de dominação em Weber, como forma de ilustrar as dificuldades de construção da democracia.

(10.2)
Elementos teóricos constitutivos das relações sociais de dominação

A questão da relação social como um fator de dominação exclui divisões maniqueístas (bem × mal), ou seja, um Estado bom e uma sociedade civil má, pois exclui uma concepção de uma moral universal, subjacente à ação humana. Weber (1999) vai demonstrar a passagem de um mundo permeado por uma ética religiosa para um outro mundo da razão instrumental.

As relações sociais de dominação seriam uma característica do moderno capitalismo, alicerçado, por sua vez, também no positivismo jurídico. São relações de poder constituídas por um mandante e um mandado, sendo que o segundo obedece livremente, por vontade própria, o primeiro. Enfim, legitima a situação de mando ou dominação.

Abordaremos, separadamente, cada um desses elementos: a DOMINAÇÃO e a OBEDIÊNCIA.

A dominação, para Weber (1999, p. 191), é

> *uma situação de fato, em que uma vontade manifesta ("mandado") do "dominador" ou dos "dominadores" quer influenciar as ações de outras pessoas (do "dominado" ou dos "dominados"), e, de fato, as influenciam de tal modo que estas ações, num grau socialmente relevante, se realizam como se os dominados tivessem, feito do próprio conteúdo do mandato a máxima de suas ações (obediência).*

Weber (1999) funda seu conceito no poder de mando autoritário (em virtude da autoridade do poder de mando e dever de obediência). Logo, para que isso aconteça, é necessário que "toda dominação manifeste-se e funcione como administração. Toda administração precisa, de alguma forma da dominação, pois, para dirigi-la é mister que certos poderes de mando se encontrem nas mãos de alguém" (Weber, 1999, p. 193).

Ao abordar a política, Weber centra seu significado na "direção do agrupamento político hoje denominado 'Estado' ou a influência que se exerce em tal sentido" (Weber, 2002, p. 55).

O Estado, em Weber (2002, p. 62), é assim denominado:

> O Estado moderno é um agrupamento de dominação que apresenta caráter institucional e que proporcionou (com êxito) monopolizar, nos limites de um território, a violência física legítima como instrumento de domínio e que, tendo esse objetivo, reuniu na mão dos dirigentes os meios materiais de gestão.

Nesse sentido, podemos verificar três grandes premissas no conceito de dominação.

A PRIMEIRA é a dimensão da luta, constitutiva das relações sociais, enquanto orientação básica da ação social. "Refere-se estritamente a conteúdos subjetivos da ação de cada qual e não tem qualquer desenvolvimento fora de suas ações efetivas" (Cohn, 1979, p. 121). Poderíamos inferir, nesse raciocínio do autor, a ascese como um dos elementos que originam essa primeira dimensão. A luta é um elemento constante nas relações sociais, marcadas por um permanente conflito.

A SEGUNDA é a de que os valores não são universais, mas, sim, equivalentes e originários da subjetividade de cada indivíduo. Esse fato complexifica nosso conceito, pois se trata de uma luta com base em valores, ou seja, uma disputa por valores.

A ÚLTIMA PREMISSA é a escassez, ou seja, a pouca oferta de bens materiais e simbólicos.

Temos montadas, então, as motivações estruturais das relações de mando: uma luta permanente por bens materiais e simbólicos escassos, fundada em valores individuais. A dominação, que busca a obediência, procura legitimar a luta e os resultados desta.

Discorreremos, agora, sobre a questão da obediência ou das formas de legitimidade ou autojustificação. A legitimação é, sobretudo, uma ação, uma empresa (empreendimento) na busca da justificativa do mando calcado na obediência. A autojustificação, por parte do indivíduo, advém da sua internalização e aceitação do mandado pelo conteúdo do mundo.

Conforme indica Weber (2002, p. 58):

> *É dispensável dizer que, na realidade concreta, a obediência dos súditos é condicionada por motivos extremamente poderosos, citados pelo medo ou pela esperança – seja pelo medo de uma vingança das potências mágicas ou dos detentores do poder, seja a esperança de uma recompensa nesta Terra ou em outro mundo. A obediência pode ser condicionada por outros interesses e muitos variados.*

É possível identificar um dos grandes elementos nucleares da concepção de Weber: o da ASCESE. A ideia de predestinação, de obra e de recompensa, fundamenta a obediência maximizada para busca do lucro. Entre os motivos variados colocados por Weber, situa-se o de prestígio social ou *status*, tema complexo que foge aos objetivos do presente trabalho.

Entretanto, a obediência pode se estruturar com base em três formas diferentes: regras legais, tradição (assim sempre foi e sempre será) e/ou carisma (na figura extraordinária de um líder). Esses três tipos ideais weberianos, que não são encontrados em sua forma pura nas relações sociais reais, constituem uma referência analítica que nos permite situar os graus de obediência relacionados com os de racionalização.

Dessa maneira, Weber (1999) proporá três modelos de dominação: a legal/racional, a tradicional e a carismática, exemplificadas no Quadro 10.1.

Quadro 10.1 – Tipos de dominação em Weber

	Domínio legal/racional	Domínio tradicional	Domínio carismático
Aspectos conceituais	Caráter racional. Crença na validade dos regulamentos.	Crença na santidade das tradições em vigor.	Abandono dos membros da sociedade dos valores pessoais de um homem.
Particularidades	Impessoalidade.	Piedade.	Excepcionalidade.
Características	Todo direito vale por um procedimento racional ou por um valor. Égide do direito. Governados como cidadãos. Forma mais típica: burocracia.	Poder como virtude do costume. Governados são pares (familiares, ou com alguma ligação sanguínea). Servidores recrutados entre os escravos, família etc. Tipos: gerontocracia, patriarcalismo, sultanismo. Forma mais típica: patrimonialismo.	Deturpa os usos da vida política originária. Formas: demagogo, ditador social, herói militar e revolucionário. Fundamento emocional. Destruição e construção. Procura permanente do entusiasmo.

Fonte: Adaptado de Weber, 1999.

Uma vez explicitado, de forma sintética, o núcleo do conceito de dominação e de legitimação de Weber, podemos, com base em suas premissas e categorias, focar um pouco as dificuldades de implantação de experiências de democracia participativa no caso brasileiro.

É possível evidenciar, então, as seguintes características de um cenário de dominação com base no pensamento weberiano: (I) a fatalidade ou inexorabilidade da dominação; (II) a sua normalidade ou caráter permanente sistemático; (III) o comportamento instrumental imerso em uma luta constante buscando sempre se legitimar; e (IV) a centralidade da figura do Estado como grande meio de administração da dominação.

Nesse contexto, apresentaremos três condições de afirmação de um cenário de dominação no país.

A PRIMEIRA seria a da rotinização, ou seja, quanto mais a prática democrática estiver engessada ou normalizada pela ação da burocracia estatal, mais dominada ela estará.

Várias discussões foram realizadas sobre o tema da rotinização. Podemos sintetizá-las na seguinte pergunta: Quem governa quem? Quanto mais o corpo de funcionário e sua dinâmica imprimida ao Estado absorver e normalizar os impulsos democráticos, mais verificamos a antinomia burocracia *versus* democracia. Em nosso objeto de estudo, a rotinização se caracterizaria por uma situação de dependência institucional ou participação dependente, na qual os atores não teriam a capacidade de se organizar por fora do Estado.

A SEGUNDA CONDIÇÃO, complementar à primeira, seria a da resignação ou atuação resignada, que aceita as "regras do jogo" e reproduz o que já está estabelecido; não há a busca da emancipação ou da autonomia: aceita-se a dominação. É a realização da ação "esquecida", não há mais referência a uma ideia de participação autônoma e fortalecida da sociedade civil democrática.

Uma TERCEIRA CONDIÇÃO seria a do comportamento instrumental ou uma disputa de poder permanente, na qual cada indivíduo busca maximizar seus interesses. A ação instrumental, ou maximização do lucro (simbólico e material), materializa-se na busca da satisfação do interesse do indivíduo, ou grupo de indivíduos, sem expressar laços de solidariedade ou possibilidade de organização social. Tal condição se expressaria em uma participação interessada, na qual não está em questão a afirmação de espaços públicos democráticos, mas, sim, de interesses particulares e privados.

Vimos, nesta seção, os possíveis elementos complicadores dos processos de participação que estariam presentes, com base em uma análise weberiana, nas motivações subjacentes dos atores nos processos de participação. Focaremos, na próxima seção, os dilemas colocados para a implantação desses processos.

(10.3)
Os dilemas para as experiências de participação

Podemos identificar, com base na reflexão realizada até agora, três grandes dilemas presentes nas formas de implantação de experiências participativas, tanto no que tange a ação dos gestores públicos como no que se refere à ação da comunidade participante:

- A existência de uma "ação esquecida" em relação aos limites impostos pelo capitalismo à realização da democracia por parte dos agentes do processo (governamentais e comunitários).
- A não problematização do vínculo constitutivo entre Estado e sociedade civil, que se materializa mesmo nas parcelas municipais.
- A redução da legitimidade do Estado ao princípio da eficácia.

Em relação ao primeiro dilema, que aponta para uma não problematização das contradições da democracia em um contexto social capitalista, o problema não seria resolvido com a eliminação da sociedade capitalista. Assim, é necessário levar em conta nas formulações metodológicas, que se propõem a serem democráticas, que as relações sociais em que tal método vai operar são condicionadas por determinantes mais amplos da sociedade capitalista: INDIVIDUALISMO, DESIGUALDADE SOCIAL, EXCLUSÃO.

Há um permanente conflito ou, como podemos refletir com base em Weber (1999), uma luta constante. As metodologias participativas não suspendem tais lutas, mas convivem com elas, buscando reorientá-las (construção de valores democráticos).

Muitas vezes esse fundamento é esquecido, o que compõe um destino inexorável, ou seja, uma ação que perdeu seu fundamento original e continua mecanicamente. Logo, os indicadores de sucesso se depositam na eficácia do processo e nas oscilações do número de participantes, esquecendo que a falta de recursos uma sociedade civil fraca são elementos que podem emergir a qualquer hora, conformando um destino de normalização do participar como um elemento da própria sociedade capitalista, resignada perante os limites e avanços do mundo.

Quanto ao segundo dilema, a não problematização do vínculo constitutivo entre Estado e sociedade civil, partimos de dois pressupostos: primeiro, o de que há um vínculo constitutivo entre a sociedade civil e o Estado (Lavalle, 1999), ou seja, uma relação de interdependência entre as duas esferas, e, em segundo, que essa relação tem sua origem em duas organizações paralelas entre si. Na mediação institucional entre Estado e sociedade civil, esta teria uma função de limitadora ao Estado (freios democráticos).

Sendo assim, é fundamental o reconhecimento/a problematização de vinculo constitutivo, pois, caso contrário, pode-se levar à noção de não discernimento entre as diferenças de cada esfera e limitar as possibilidades da realização da democracia.

Essa questão se torna uma vicissitude no momento em que impede – quando o vínculo não é reconhecido e assumido – a afirmação dos dois planos superestruturais da sociedade – o civil e o político – fundindo-os em uma só esfera, o que tende a favorecer o polo mais forte.

Ao se naturalizar tal fusão, minimiza-se a necessidade de auto-organização da sociedade civil (o que cristaliza uma alta dependência desta pelo Estado) e se reduz a participação à uma dimensão instrumental. Isso se explica pelo fato de que o espaço entre a sociedade civil e o Estado, que permite a constituição de falas próprias para a realização de um diálogo entre diferentes, não existe. Nenhuma metodologia institucional pode substituir a sociedade civil.

Por último, em nosso terceiro dilema, a redução da legitimidade do Estado ao princípio da eficácia, verificamos que democracia participativa tem um imperativo ético-moral: a AFIRMAÇÃO DA LIBERDADE E DA IGUALDADE. Logo, mesmo afirmando a eficácia de resposta aos problemas sociais, deve-se constantemente formular tal imperativo, sobre pena de não conseguir afirmar a construção de valores democráticos.

A questão central dessa vicissitude é de como o governo legitima suas ações. Como vemos em Bobbio (1990), o advento do positivismo jurídico deu uma nova direção a essa questão, afirmando como princípio legitimador do Estado a eficácia e não mais somente os valores.

Evidentemente, a partir disso, a ineficácia vira o princípio da ilegitimidade. A questão é complexa, pois envolve normas e ações. Normas que configurem a eficácia "apenas como o direito posto pelas autoridades delegadas para este fim pelo próprio ordenamento e tornado eficaz por outras autoridades previstas pelo próprio ordenamento" (Bobbio, 1990, p. 92).

Verificamos que é o sistema jurídico que conforma a eficácia. Ora, o Estado brasileiro em suas esferas (federais, estaduais e municipais), a partir da Constituição de 1998, passa a ser o grande responsável pelas políticas públicas que enfrentem as situações de miséria e pobreza.

Nesse sentido, experiências como o OP demonstram que, nas esferas municipais, desenvolve-se todo um processo de diálogo entre a prefeitura (parcela do Estado) e a comunidade, com base em uma temática que busca enfrentar as necessidades básicas da população e, mesmo quando não oferta investimentos, discute algo necessário, como serviços.

A eficácia se dá pela capacidade de ação. Isso pode gerar uma redução do processo à sua capacidade de resposta, se não houver preocupações de formação e construção de valores de participação, com base na solidariedade, como pilar dos valores democráticos expresso na participação popular.

É necessário, não obstante as diversas opiniões individuais a respeito dessa discussão, haver a existência de uma sociedade civil forte. Caso contrário, as antinomias de tais processos podem atentar contra ele.

(.)

Ponto final

De modo sintético, buscamos refletir, como forma de conclusão da disciplina, os possíveis dilemas que podem se apresentar tanto nas motivações para a participação em processo de cogestão do Estado como em sua implantação. Discutimos e apresentamos, ao longo desta publicação, os conceitos de democracia, cidadania e sociedade civil, focando nas especificidades do caso brasileiro e de suas limitações estruturais. Neste capítulo, frisamos os efeitos dessas condições no processo de democratização do Estado, com base na participação popular, nos conceitos e nas categorias de Weber (1999, p. 2002).

Na primeira seção, fixamos os limites estruturais de nosso regime democrático, que, conforme vimos, começou como um mal-entendido e está se firmando em nossa cultura nacional.

Na segunda seção, apresentamos os conceitos weberianos de dominação e legitimação, além de uma análise das possíveis motivações e posturas implícitas nos atores sociais quando articulam processos de participação popular, buscando captar a influência dos limites estruturais da formação democrática no país.

Na terceira e última seção, focamos nos dilemas possíveis implícitos na implantação dos processos de participação popular para a democratização do Estado.

Indicações culturais

BERAS, C. *A democratização do Estado e a participação popular*: legitimação do Estado versus autonomia da sociedade civil. Uma reflexão sobre o OP de Viamão – RS, 2001 e 2002. 200 f. Dissertação (Mestrado em Sociologia) – Universidade Federal do Rio Grande do Sul, Porto Alegre, 2003.

WEBER, M. *Economia e sociedade*. Brasília: Ed. da UnB, 1999. v. 2.

Atividades

1. Na Seção 10.2, com base em Weber (1999), foram apresentadas três condições constitutivas para a realização de um cenário de dominação no país. Identifique, a seguir, a alternativa que contém tais condições:
   a. 1) Democratização, ou seja, quanto mais a prática democrática estiver estruturada e potencializada. 2) Liberalização, que permite a participação irrestrita de qualquer individuo. 3) Comportamento coletivo orientado por valores solidários e não competitivos.
   b. 1) Dominação estatal, ou seja, quanto mais a prática democrática estiver orientada e dirigida pela ação da burocracia estatal. 2) Passividade institucional, que congela as "regras do jogo" e não cria inovações. 3) Comportamento instrumental ou uma disputa de poder permanente, em que cada indivíduo busca maximizar seus interesses.
   c. 1) Dominação econômica, ou seja, a prática democrática orientada por interesses dos grandes grupos financeiros. 2) Passividade institucional, que congela as "regras do jogo" e não cria inovações. 3) Comportamento instrumental ou uma disputa de poder permanente, em que cada indivíduo busca maximizar seus interesses, negociando-os com os outros.

d. 1) Rotinização, ou seja, quanto mais a prática democrática estiver engessada ou normalizada pela ação da burocracia estatal. 2) Resignação, que aceita as "regras do jogo" e reproduz o que já está estabelecido. 3) Comportamento instrumental, ou uma disputa de poder permanente, em que cada indivíduo busca maximizar seus interesses.

2. O que seria uma ação esquecida e por que ela é um dilema para a implantação de processos democráticos de participação popular?

   a. Um fundamento que, muitas vezes, está esquecido e leva a um destino inexorável, ou seja, uma ação que perdeu seu fundamento original e continua mecanicamente. Dilema: esquece-se que tais processos de participação são tensionados e condicionados por determinantes mais amplos da sociedade capitalista: individualismo, desigualdade social e exclusão.
   b. Um fundamento econômico esquecido que leva a um destino inexorável. Dilema: esquecimento da importância da sociedade capitalista.
   c. A perda da memória histórica de uma nação, que coloca toda a sociedade em estado de anomia permanente. Dilema: necessidade de realizar guerras e ocupações de territórios para recuperar a memória.
   d. Um fundamento que foi esquecido propositalmente e consolidou um destino incerto, pois quer negar seu fundamento original para não agir mecanicamente. Dilema: esquece-se que tais processos de participação são tensionados e condicionados por determinantes mais amplos da sociedade socialista: distribuição de renda, igualdade social, inclusão. Isso implica não esquecer os valores democráticos, mas, sim, afirmá-los constantemente.

Referências

AVRITZER, L. Teoria democrática e deliberação pública. *Lua Nova*, São Paulo, n. 50, 2000.

_____. Teoria democrática, esfera pública e participação local. *Sociologias*, Porto Alegre, ano 1, n. 2, jul./dez. 1999.

AVRITZER, L.; NAVARRO, Z. (Org.). *A inovação democrática no Brasil*. São Paulo: Cortez, 2002.

BACZKO, B. Luzes e democracia. In: DARNTON, R.; DUHAMEL, O. (Org.). *Democracia*. Rio de Janeiro: Record, 2001.

BELLO, E. *Política, cidadania e direitos sociais*: um contraponto entre os modelos clássicos e a trajetória da América Latina. 2007. Dissertação (Mestrado em Direito) – Pontifícia Universidade Católica do Rio de Janeiro, Rio de Janeiro, 2007.

BERAS, C. *A democratização do Estado e a participação popular*: legitimação do Estado versus autonomia da sociedade civil. Uma reflexão sobre o OP de Viamão – RS, 2001 e 2002. 2003. 200 f. Dissertação (Mestrado em Sociologia) – Universidade Federal do Rio Grande do Sul, Porto Alegre, 2003.

_____. *Orçamento participativo de Porto Alegre e a democratização do Estado*: a configuração específica do caso de Porto Alegre – 1989-2004. 2008. 255 f. Tese (Doutorado em Sociologia) – Universidade Federal do Rio Grande do Sul, Porto Alegre, 2008.

BOBBIO, N. *A teoria das formas de governo*. Brasília: Ed. da UnB, 1980.

_____. *Estado, governo e sociedade*: para uma teoria geral da política. 3. ed. São Paulo: Paz e Terra, 1990.

_____. *O futuro da democracia*. São Paulo: Paz e Terra, 2000.

BOBBIO, N. et al. *Dicionário de política*. Brasília: Ed. da UnB, 1995.

BOSCHI, R. R. *A arte da associação*: política de base e democracia no Brasil. São Paulo: Vértice, 1987.

CARVALHO, M. *Cidadania no Brasil*: o longo caminho. 3. ed. Rio de Janeiro: Civilização Brasileira, 2002.

CHAUI, M. de S. *Cultura e democracia*. 4. ed. São Paulo: Cortez, 1989.

COHEN, J.; ARATO, A. *Sociedad civil y teoria política*. Mexico: Fondo de Cultura Econômica, 2000.

COHN, G. *Crítica e resignação*: fundamentos da sociologia de Max Weber. São Paulo: T. A. Queiroz, 1979.

_____. Perfis em teoria social: Tocqueville e Weber, duas vocações. In: AVRITZER, L.; DOMINGUES, J. M. (Org.). *Teoria social e modernidade no Brasil*. Belo Horizonte: Ed. da UFMG, 2000.

COUTO, C. G. A longa constituinte: reforma do Estado e fluidez institucional no Brasil. *Dados*, Rio de Janeiro, v. 41, n. 1, 1998.

DAGNINO, E. Democracia, teoria e prática: a participação da sociedade civil. In: FUKS, M.; PERISSINOTTO, R. (Org.). *Democracia*: teoria e prática. Rio de Janeiro: Relume Dumará, 2002.

DARNTON, R.; DUHAMEL, O. (Org.). *Democracia*. Rio de Janeiro: Record, 2001.

DE LA CRUZ, R. Os novos movimentos sociais: encontros e desencontros com a democracia. In: SCHERER-WARREN, I. *Uma revolução no cotidiano*. São Paulo: Brasiliense, 1987.

FAORO, R. *Os donos do poder*: formação do patronato político brasileiro. Porto Alegre: Livraria do Globo, 1984.

FEDOZZI, L. *O poder da aldeia*: gênese e história do orçamento participativo de Porto Alegre. Porto Alegre: Tomo Editorial, 2000.

_____. *Orçamento participativo*: reflexões sobre a experiência de Porto Alegre. 3. ed. Porto Alegre: Tomo Editorial, 2001.

FREYRE, G. M. *Casa-grande e senzala*. 30. ed. Rio de Janeiro: Record, 1995.

FUNARI, P. P. A cidadania entre os romanos. In: PINSKY, J.; PINSKY, C. (Org.). *História da cidadania*. São Paulo: Contexto, 2003.

GOHN, M. G. *História dos movimentos sociais*: a construção da cidadania dos brasileiros. São Paulo: Loyola, 1995.

_____. *O protagonismo da sociedade civil*: movimentos sociais, ONGs e redes solidárias. São Paulo: Cortez, 2005.

GOHN, M. G. *Teoria dos movimentos sociais*: paradigmas clássicos e contemporâneos. São Paulo: Loyola, 1997.

GUARINELLO, N. L. Cidades-Estado na Antiguidade Clássica. In: PINSKY, J.; PINSKY, C. (Org.). *História da cidadania*. São Paulo: Contexto, 2003.

HABERMAS, J. *A constelação pós-nacional*: ensaios políticos. São Paulo: Littera Mundi, 2001a.

_____. *A inclusão do outro*: estudos de teoria política. São Paulo: Loyola, 2002.

_____. *Direito e democracia*: entre facticidade e validade. 4. ed. Rio de Janeiro: Tempo Brasileiro, 1994. v. 2.

_____. *Mudança estrutural da esfera pública*. Rio de Janeiro: Tempo Brasileiro, 1984.

_____. *Teoria de la ación comunicativa*: crítica de la razón. Madrid: Taurus Humanidades, 2001b. Tomo I.

HOLANDA, S. B. *Raízes do Brasil*. São Paulo: Companhia das Letras, 2004.

JACOBI, P. Movimentos populares urbanos e resposta do Estado: autonomia e controle vs. cooptação e clientelismo. In: BOSCHI, R. *Movimentos coletivos no Brasil urbano*. Rio de Janeiro: Zahar, 1983. (Série Debates urbanos).

_____. Movimentos sociais: teoria e prática em questão. In: SCHERER-WARREN, I. *Uma revolução no cotidiano*. São Paulo: Brasiliense, 1987.

_____. Movimentos urbanos, Estado e cultura política no Brasil. In: LARANGEIRA, S. (Org.). *Classes e movimentos sociais na América Latina*. São Paulo: Hucitec, 1990.

KARNAL, L. Revolução americana: Estados Unidos, liberdade e cidadania. In: PINSKY, J.; PINSKY, C. (Org.). *História da cidadania*. São Paulo: Contexto, 2003.

LAVALLE, A. G. Crítica ao modelo da nova sociedade civil. *Lua Nova*, São Paulo, n. 47, p. 121-135, 1999.

MARSHALL, T. H. *Cidadania, classe social e status*. Rio de Janeiro: Zahar, 1967.

McPHERSON, C. B. *A democracia liberal*. Rio de Janeiro: Zahar, 1978.

MONDAINI, M. Revolução Inglesa: o respeito aos direitos dos indivíduos. In: PINSKY, J.; PINSKY, C. (Org.). *História da cidadania*. São Paulo: Contexto, 2003.

MOUFFE, C. *O regresso do político*. Lisboa: Gradiva, 1996.

NOGUEIRA, M. A. *Um Estado para a sociedade civil*: temas éticos e políticos da gestão democrática. São Paulo: Cortez, 2004.

ODALIA, N. Revolução Francesa: a liberdade como meta coletiva. In: PINSKY, J.; PINSKY, C. (Org.). *História da cidadania*. São Paulo: Contexto, 2003.

OLIVEIRA, F. Diálogo na grande tradição. In: NOVAES, A. *A crise do Estado-nação*. Rio de Janeiro: Civilização Brasileira, 2003.

PATEMAN, C. *Participação e teoria democrática*. Rio de Janeiro: Paz e Terra, 1992.

PINSKY, J.; PINSKY, C. (Org.). *História da cidadania*. São Paulo: Contexto, 2003.

REIS, F. W. Democracia, igualdade e identidade. In: FUKS, M.; PERISSINOTTO, R. (Org.). *Democracia*: teoria e prática. Rio de Janeiro: Relume-Dumará, 2002.

RIBEIRO, J. R. *A democracia*. São Paulo: Publifolha, 2001.

SAES, D. *Democracia*. São Paulo: Ática, 1987.

SCHERER-WARREN, I. O caráter dos novos movimentos sociais. In: _____. *Uma revolução no cotidiano*. São Paulo: Brasiliense, 1987.

SCHIOCHET, V. *Esta terra é minha terra*: movimento dos desapropriados de Papanduva. Blumenau: Ed. da Furb, 1993.

SILVA, M. K. *Construção da participação popular*: análise comparativa de processos de participação social na discussão pública do orçamento em municípios da região Metropolitana de Porto Alegre/RS. 2001. 340 f. Tese (Doutorado em Sociologia) – Universidade Federal do Rio Grande do Sul, Porto Alegre, 2001.

VERLE, J; BRUNET, J. (Org.). *Construindo um novo mundo*: avaliação do orçamento participativo em Porto Alegre – Brasil. Porto Alegre: Guayi, 2002.

VIEIRA. L. *Os argonautas da cidadania*: a sociedade civil na globalização. Rio de Janeiro: Record, 2001.

WEBER, M. *Ciência e política*: duas vocações. São Paulo: Cultrix, 2002.

_____. *Economia e sociedade*. Brasília: Ed. da UnB, 1999. v. 2.

WOLFF, F. A invenção da política. In: NOVAES, A. *A crise do Estado-nação*. Rio de Janeiro: Civilização Brasileira, 2003.

Gabarito

Capítulo 1
1. c
2. a

Capítulo 2
1. b
2. d

Capítulo 3
1. b
2. a

Capítulo 4
1. c
2. c

Capítulo 5
1. d
2. c

Capítulo 6
1. d
2. b

Capítulo 7
1. b
2. d

Capítulo 8
1. d
2. b

Capítulo 9
1. c
2. a

Capítulo 10
1. d
2. a

Os papéis utilizados neste livro, certificados por instituições ambientais competentes, são recicláveis, provenientes de fontes renováveis e, portanto, um meio responsável e natural de informação e conhecimento.

FSC
www.fsc.org
MISTO
Papel produzido a partir de fontes responsáveis
FSC® C103535

Impressão: Reproset
Agosto/2020